Mobiliser toutes les facettes de sa personnalité

CHEZ LE MÊME ÉDITEUR

Laurie ASHNER, Mitch MEYERSON

Qu'est-ce qui m'empêche de me sentir bien ? - Pour en finir avec l'insatisfaction chronique

François Besançon

Communiquer avec une victime de l'alcool

Nelly BIDOT, Bernard MORAT

- *S'entraîner à la PNL au quotidien - 80 jours pour maîtriser les outils de base de la PNL*
- *Que faire quand la vie nous malmène... agir ou subir ?*

Michel CHALUDE

Vous et votre projet - Réaliser les rêves qui vous tiennent à cœur

Cégolène COLONNA

Intégrer la dynamique du coaching dans sa vie - Ou comment devenir votre meilleur allié

Betty DOTTY (avec Pat ROONEY)

Apprivoiser les sentiments négatifs - Pour sortir du piège que nous tendent colère, rancune, agressivité...

Suzanne FORWARD (avec Donna FRAZIER)

Le Chantage affectif - Quand ceux que nous aimons nous manipulent

Suzanne FORWARD (avec Donna FRAZIER)

Quand votre conjoint vous ment... - Le couple et les blessures du mensonge

Fabrice Lacombe

Arriver à le dire... même quand c'est difficile - Trouver les mots vrais, le ton juste et l'attitude adoptée

Pierre LONGIN

Naître à soi-même - L'ennéagramme : se connaître, comprendre les autres et accomplir sa mission

Don David Lusterman

Infidélité et après ? Trouver sa réponse sans se détruire ou tout détruire

Myriam Orazzo

Former au développement personnel - Objectifs et principes d'action

Josiane de SAINT PAUL

Estime de soi, confiance en soi - Les fondements de notre équilibre personnel et social

Bernard SANANÈS

Devenir acteur de sa vie - Objectif épanouissement : gérer son stress et ses émotions

Sylvie TENENBAUM

Bien vivre sa vie de couple - Affectivité - Psychologie - Communication

Jane TURNER, Bernard HÉVIN

Construire sa vie adulte - Comment devenir son propre coach

Pierre Blanc-Sahnoun

Mobiliser toutes les facettes de sa personnalité

Gérez votre « entreprise intérieure » comme un bon manager

InterEditions

ISBN 2 10 006869 5

À la mémoire de D.L.

TABLE DES MATIÈRES

Introduction 3

1. CE QUI ARRIVA À ROGER SFAX UN JOUR DE BUREAU ORDINAIRE 7

Débriefing : comment les événements de notre vie se traduisent dans notre « entreprise intérieure » 20

2. UNE VISITE GUIDÉE DES ÉTABLISSEMENTS ROGER SFAX 31

Le coach à la rescousse 35

Débriefing : comment découvrir les règles du jeu de votre entreprise intérieure 36

3. ROGER SFAX SE FAIT EXPULSER DE SA PROPRE ENTREPRISE INTÉRIEURE 45

Débriefing : qu'est-ce que je fais quand mon univers change ? comment est-ce que je réagis ? cela me plaît-il ou pas du tout ? 49

4. ROGER SFAX COMMENCE À MARQUER DES POINTS 55

Débriefing : se libérer des comportements automatiques qui nous emprisonnent 60

Que se passe-t-il quand une partie de nous-même tape sur une autre ? 62

5. ROGER SFAX DÉCOUVRE LA LUTTE DES CLASSES… DANS SON ENTREPRISE INTÉRIEURE 67

Débriefing : comment nos sous-personnalités dominantes nous enferment dans une fausse vision du monde 74

6. ROGER SFAX EST SACRIFIÉ SUR L'AUTEL DU BUSINESS 79

Débriefing : un changement positif commence souvent par une crise 84

7. UNE ASSEMBLÉE GÉNÉRALE EXTRAORDINAIRE DES ÉTABLISSEMENTS ROGER SFAX SA 89

Débriefing : accepter toutes les potentialités de notre personnalité 100

Se réconcilier avec soi-même 103

8. ROGER SFAX LIBÈRE ET RÉHABILITE LES CADRES EMPRISONNÉS 107

Débriefing : comment libérer le potentiel créatif de toutes nos sous-personnalités 114

9. LE COMITÉ DE DIRECTION DES ÉTABLISSEMENTS ROGER SFAX S'ÉLARGIT 127

Débriefing : comment faire coopérer toutes les parties de notre personnalité à une vision équilibrée de notre vie 134

10. LA RENAISSANCE DES ÉTABLISSEMENTS ROGER SFAX SA 151

Débriefing-replay : ralenti et sous-titres 163

Épilogue 179

Conclusion 181

Crédits techniques 185

Bonus : interview du coach 193

Remerciements 197

« La grande révolution de notre génération est d'avoir découvert que l'être humain, en changeant les attitudes intérieures de son esprit, peut transformer les aspects extérieurs de sa vie. »

William JAMES

« Si faute de prêter attention à ce qui se passe dans l'âme d'autrui, on perçoit difficilement le malheur de quelqu'un, ceux qui n'observent pas les mouvements de leur propre être sont nécessairement malheureux. »

Marc AURÈLE

« - Et vous conseillez quoi ?
- Jamais rien. J'essaie
de comprendre ce que veulent les gens
et de les aider à le faire.
C'est cela, conseiller. »

Fred VARGAS

INTRODUCTION

… et si vous jouiez au portrait chinois avec moi ?
Qu'apprendriez-vous sur vous-même qui vous aiderait
à mieux piloter votre vie ?

IL Y A QUELQUES ANNÉES, jouant au portrait chinois avec mon fils Marc (huit ans à l'époque), je lui demandai, non sans un soupçon de narcissisme paternel : « Et si j'étais un animal ? » La réponse fusa du tac au tac : « Un âne, papa ! »

Ce qui prouve l'extrême intelligence de ce jeu. Le portrait chinois nous sort en effet de nos façons de réfléchir habituelles pour nous proposer des analogies qui nous confrontent au mode de pensée de l'autre. Il nous apprend des choses sur nous-mêmes en nous permettant de nous décaler de nos croyances habituelles à notre sujet. Même si parfois, notre ego y récolte quelques égratignures.

Renseignements pris, ce qui m'identifiait si fort à cet animal résidait dans « les petits cheveux sur le front, comme les ânes dans Pinocchio. » Ces ânes sont, rappelons-le, des méchants garçons qui, donnant libre cours à leurs mauvais instincts, subissent une métamorphose progressive qui les change en animaux. En filigrane du conte de Pinocchio, se trouve donc une vérité psychologique complexe, sous une forme compréhensible par un jeune enfant : nous sommes composés de plusieurs parties, et lorsque l'une d'entre elle prend le pouvoir sur notre personnalité, cela provoque en nous de profonds changements dont nous subissons les conséquences catastrophiques.

Ayant pour la plupart passé l'âge des contes de fées, nous passons nos journées à nous colleter avec des réalités autrement plus sérieuses : comment obtenir une augmentation, améliorer notre efficacité de manager, formuler des propositions commerciales convaincantes, sortir gagnant d'un conflit avec notre patron, obtenir un rendez-vous avec un chasseur de têtes, améliorer notre confiance en nous, etc. Dix heures par jour, nous sommes plongés dans un environnement professionnel exigeant, qui nous impose de décider en permanence du comportement le mieux adapté à l'atteinte de nos objectifs.

Mais même au sein d'un Comité de direction, les ânes de Pinocchio ne sont jamais très loin. Car dans la conduite de notre vie, nous faisons continuellement appel à des parties différentes de notre personnalité. Le jour où un chef d'équipe doit annoncer à l'un de ses collaborateurs qu'il fait partie d'une « charrette », il s'y prépare en se « blindant ». Il est possible qu'une partie de lui déteste ce qu'il est obligé de faire et qu'une autre partie lui dise : « Fais-le, c'est un aspect de ton travail ! » Dans des cas semblables comme dans d'autres situations plus courantes, chez vous, en famille ou avec des amis, avec vos enfants également, vous avez déjà ressenti qu'il existe en vous plusieurs « voix » différentes, qui sont parfois en désaccord, l'une disant « blanc » et l'autre criant « noir ». Vous avez sans doute aussi éprouvé la difficulté d'un choix, lorsque deux parties de vous s'opposent et tirent chacune dans un sens différent.

C'est de cela que parle ce livre.

Il se fonde sur les travaux et les modèles de plusieurs écoles psychologiques[1], mais s'adresse à des hommes et des femmes dont le biotope naturel est l'entreprise. Ce n'est donc pas un livre de psychologie. C'est un livre d'entreprise construit avec des briques psychologiques. Son but est d'aider chacun à améliorer sa vie professionnelle et privée en prenant la décision de changer des choses simples dans son comportement.

1. On trouvera à la fin de cet ouvrage, dans les crédits techniques, des explications détaillées des différents modèles utilisés.

SI VOUS ÉTIEZ UN ANIMAL...
SI VOUS ÉTIEZ UNE ENTREPRISE ...

Mais pour changer, il faut comprendre. Avoir la vision du jeu, descendre de son vélo pour se regarder pédaler.

C'est là que le portrait chinois trouve son utilité. Mais ici, au lieu de vous dire : si vous étiez un animal, un végétal, un film, etc., la question posée est : «...et si vous étiez une entreprise ? » Car rien ne nous interdit de considérer notre psychisme comme une entreprise, une entreprise dont les clients seraient notre entourage... et nous-mêmes. Cette « entreprise intérieure » produit des comportements, des valeurs, des discours, des émotions. Toutes sortes d'objets psychologiques qui nous servent à piloter notre vie professionnelle et notre vie tout court. Certains de ces produits psychologiques sont de grands succès, d'autres sont des bides retentissants et tout le stock nous reste sur les bras pendant le reste de notre existence.

Cet ouvrage vous propose donc une petite randonnée dans votre économie interne. Il vous entraîne pour cela sur trois voies parallèles :

- ✓ Un *récit*. Celui des aventures de Roger Sfax, manager stressé et victime d'une mise au placard, qui découvre un jour, à sa grande surprise, l'existence de son entreprise intérieure et apprend à en devenir le patron.
- ✓ *Un modèle de la personnalité*, construit à partir de concepts que toute personne ayant travaillé en entreprise maîtrise parfaitement, même si elle n'a que peu de notions de psychologie.
- ✓ Une *méthode,* pour mieux vous comprendre, mieux comprendre les autres, et apprendre à changer. Mais d'abord, découvrir ce qui vous empêche de changer, quels sont les managers intérieurs qui imposent leur loi à votre entreprise et vous maintiennent dans des cycles de production, dans des méthodes, dans une organisation, dans une communication, inadaptés aux exigences de votre présent et à l'objectif simple d'être heureux dans votre activité professionnelle et dans votre vie de tous les jours.

Coach de cadres dirigeants depuis treize ans, j'ai accompagné toutes sortes de gens dans toutes sortes de situations bizarres, drôles ou tragiques. Si je devais résumer ces centaines de missions en une seule idée, ce serait celle d'arriver à s'améliorer, tout en restant soi-même. Mon travail de coach est toujours une tension dynamique entre ces deux chemins : l'un qui mène vers une meilleure connaissance de soi, l'autre vers des stratégies de pilotage professionnel plus performantes. Le succès d'une mission est de parvenir à ce que les deux chemins débouchent au même endroit. Et que cet endroit soit beau.

Dans mon parcours de vie personnelle, j'ai toujours cherché ce lieu, éclairé à la fois par la certitude d'être en phase avec soi-même et par l'ambition de s'inscrire dans une trajectoire professionnelle riche et forte. J'espère que ce livre sera le reflet de cette marche opiniâtre. Mon vœu le plus cher est qu'il soit pour vous qui le lisez, comme pour moi qui l'écris, un commencement.

1

CE QUI ARRIVA À ROGER SFAX UN JOUR DE BUREAU ORDINAIRE

« JE N'EN PEUX PLUS ! » soupira Roger Sfax, les deux mains appuyées sur le lavabo des toilettes hommes. Il se passa à nouveau de l'eau sur le visage. Sous la lumière bourdonnante et bleutée des tubes au néon, dans le miroir ébréché et tout piqué qui datait de Sud-ouest Aviation, il se trouvait vraiment une sale gueule. Bien plus que ses 48 ans. Les yeux rouges soulignés par des cernes noirâtres, les traits bouffis, un teint terne de pomme de terre, la calvitie plus affirmée que jamais avec les petits cheveux sur les tempes et dans la nuque, un peu trop longs, qui viraient carrément du poivre et sel vers le sel. Ah, il n'était pas bien fringant, l'ex Directeur Général Adjoint chargé des Affaires Commerciales. *« Cesse de t'écouter comme une mauviette, se chapitra -t-il, un homme, ça doit serrer les dents ! »*

Il sortit des toilettes et se retrouva sur la coursive qui dominait l'Atelier 3, celui où l'on désossait les avions gros porteurs confiés par les plus grandes compagnies internationales pour inspecter minutieusement leur cellule, leurs ailes, leur avionique, et délivrer le précieux certificat de navigabilité qui leur permettrait de poursuivre leur carrière pendant quelques années encore, jusqu'à la prochaine visite obligatoire. Le hangar était long de 800 mètres et large de 500. Il pouvait contenir jusqu'à dix Airbus en même temps. De petites silhouettes bleues, grimpées sur les échafaudages entourant les avions comme des toiles d'araignées multicolores, effectuaient de mystérieux protocoles dans un vacarme assourdissant. Mais depuis des années qu'il arpentait cette coursive, Roger n'y prêtait plus aucune attention. Dans le temps, Sud-ouest Aviation concevait des avions, de petites merveilles aux ailes ourlées de rêve. Puis le Consortium américain Western Airborne était arrivé, et tout avait basculé pour Roger Sfax. Sud-ouest Aviation était devenue la SOFERBA, et se contentait d'inspecter les avions des autres. Quant à lui…

Il entreprit de regagner le lointain secteur nord, où il avait pris ses quartiers depuis l'arrivée de Francis Gourbera, le nouveau Directeur du Département Commercial, rapidement surnommé « Fourbe rat » par la plupart des gens. Pour cela, il devait repasser devant son ancien bureau. Comme par hasard… Fréquemment, ses pas le portaient malgré lui vers son territoire d'antan, comme si une volonté étrangère avait pris le contrôle de son corps et le ramenait inlassablement vers ses anciens terrains de chasse, les couloirs de velours de la direction où il n'était plus persona grata. Il savait bien que ce comportement était stupide, qu'il allumait des lueurs de pitié ou d'ironie dans les regards de ceux qu'il croisait, mais une force en lui refusait d'abdiquer, de comprendre que désormais, sa place était au bout de l'aile Nord, dans un Algeco ou aucune réunion urgente ne l'appelait, aucun collaborateur ne l'attendait sur le seuil de son bureau pour lui soumettre un problème important qui réclamait une décision immédiate. Les seuls messages sur son téléphone étaient ceux de sa femme pour lui demander de penser à acheter du pain en rentrant, et de loin en loin, un ancien fournisseur ou un ancien client mal informé, pas au courant de sa disgrâce. Au placard. Enterré vivant à 48 ans, dans un cagibi au fin fond du secteur nord, au diable vauvert.

Juste au moment où il passait devant son ancien bureau, la porte en verre dépoli s'ouvrit et Nicole, son ex-secrétaire en sortit, accompagnée par Corinne Delabarre, la nouvelle Directrice de la Communication. La conversation animée des deux femmes cessa instantanément dès qu'elles aperçurent Roger Sfax. Elles lui jetèrent un bref regard apitoyé. Corinne Delabarre lui adressa un petit coup de menton glacial qui pouvait passer pour un salut. La laissant s'éloigner, Nicole s'arrêta quelques secondes dans une tentative pathétique pour se montrer aimable. Elle avait tout de même travaillé quinze ans avec lui.

« Alors Monsieur Sfax, ces nouvelles fonctions ?

– Quelles nouvelles fonctions ? Vous savez bien que je suis placardisé, fit Roger en essayant de la jouer cool, distancié et tout.

– Oh, il ne faut pas voir les choses aussi négativement ! » protesta Nicole, veillant d'un rapide coup d'œil circulaire à ne pas être vue en train de fraterniser avec un réprouvé.

Il y eut un silence embarrassé.

– Et vous, ça va ? Pas trop dur de travailler avec Fourbe Rat ?

– Monsieur Gourbera ? Pensez-vous ! Finalement, il est très… commença -t-elle avec animation. Puis, voyant l'expression de son ancien patron, elle se mordit les lèvres : enfin, il faut bien s'y faire, que voulez-vous, quand on n'a pas le choix, on finit par s'adapter, vous ne m'en voulez pas, Monsieur Sfax ? »

Prétextant des photocopies urgentes à effectuer, elle le planta sur cette ultime petite lâcheté. L'avait-elle fait exprès ? Vraisemblablement pas, conclut Roger. Tout simplement, elle a raison. Il faut bien s'adapter. Ou alors s'en aller. C'est aussi simple que cela. Sur le verre dépoli de la porte de son bureau, on avait gratté l'inscription : « Roger Sfax, DGA/DC ». Mais il en restait encore une trace infime, une sorte de filigrane que le nom du nouvel occupant ne parvenait pas à recouvrir parfaitement.

L'Atelier 3, de forme rectangulaire, était divisé en secteurs correspondant aux quatre points cardinaux. Au sud-ouest, s'ouvrait une double porte débouchant brusquement sur un univers de moquette épaisse et de lithographies, dont le silence feutré était à peine troublé par les claquements des échafaudages et les vrombissements des meuleuses. Les bureaux de la

Direction étaient délicatement décorés de chêne et de merisier, la climatisation y distillait un léger ronronnement. L'aile nord, à l'opposé, regroupait les activités d'ordonnancement et de planning ainsi que la gestion du stock de 450 000 pièces détachées qui occupaient les bâtiments B et C, une surface au sol de 300 000 mètres carrés quadrillée de racks hauts comme des maisons.

Le bureau de Roger Sfax était situé à l'exacte frontière entre ces deux univers, sorte de poste de douane entre le stock et l'atelier d'où il voyait passer les chariots poussés par des approvisionneurs jusqu'aux lignes jaunes tracées sur le ciment, où les répartiteurs venaient les chercher pour les distribuer aux chefs d'équipe. On y subissait à la fois le vacarme de l'atelier et les vrombissements assourdissants des Essais Moteurs qui s'effectuaient dans l'atelier 4 tout proche. La pièce se situait en hauteur, au deuxième niveau d'un préfabriqué aux parois de placoplâtre aménagé jadis temporairement pour servir de vestiaire et de salle de réunion aux agents de maîtrise. Pour y parvenir, on empruntait une sorte d'échelle métallique dont les marches claquaient sous vos pieds. Pour un ex-directeur, c'était le paroxysme de l'exil. Personne ne comprenait comment il tenait le coup dans ce gourbi, ni comment on pouvait le maintenir dans une telle humiliation, au lieu d'avoir le courage de le mettre à la porte avec un gros chèque et un outplacement. Mais dans l'usine, on murmurait qu'il « savait des choses ». « Après 25 ans de boîte, il ne va quand même pas démissionner et partir à poil, avec les yeux pour pleurer ! » disait-on dans les ateliers. Roger Sfax était le dernier représentant de l'ancienne génération, il avait connu les Martineau, Duverger, Closinsky, des légendes vivantes, tous en retraite ou décédés, ou éliminés par la nouvelle Direction. Il était le dernier témoin de l'époque glorieuse de Sud-Ouest Aviation, et les ouvriers le respectaient pour cela, même les vieux syndicalistes soupiraient sur son passage. Sans compter qu'il était encore capable de tomber la veste, de retrousser ses manches et de vous fraiser une pièce récalcitrante, ou de vous trouver la panne de votre commande numérique en deux temps trois mouvements. Mais aujourd'hui, ce genre de compétence ne valait plus un clou. Les nouveaux managers, à commencer par le Directeur Général Michel Buglose, étaient tous des financiers, des stratèges diplômés des Grandes Écoles qui ne mettaient jamais les pieds dans les ateliers de peur de salir leurs costumes Kenzo, buvant du champagne avec le petit doigt en l'air alors que dans le temps, Roger Sfax, lui, ne dédaignait pas de partager un petit Ricard sur le coin d'un établi.

La porte du bureau ne fermait pas, et Roger Sfax se dit pour la centième fois qu'il aurait plus vite fait de descendre chercher un tournevis et une pince et d'arranger cela lui-même, plutôt que de passer par les Services Généraux, auprès desquels il avait déjà émis deux demandes. Le bureau lui-même était un placard d'environ quatre mètres de côté, sans climatisation, éclairé au néon, ouvert côté atelier par une baie de plexiglas. Contre la paroi opposée à la baie, on avait placé un vieux bureau classeur en acier au plateau de formica gris, qui finissait là, lui aussi, après une longue carrière où il avait pris plus d'une éraflure. Une armoire métallique du même millésime et une lampe de dessinateur cabossée complétaient ce mobilier plutôt spartiate. Sur le mur, Roger avait accroché des photos encadrées du Marquis et du Mousquetaire, deux appareils sur lesquels il avait travaillé à l'époque où, jeune ingénieur, il jouait sa modeste partition de règle à calcul dans le grand orchestre du Bureau d'Études.

La seule concession faite à ses anciennes responsabilités était la mise à disposition d'un ordinateur à peu près correct, pas un Pentium, bien sûr, il ne faut pas rêver, mais un honnête Celeron largement suffisant pour ce qu'il en faisait, c'est-à-dire un peu de traitement de texte, un peu de tableur, et beaucoup de surf sur Internet pour lequel ils lui avaient généreusement octroyé un accès réseau, avec le plus bas niveau de privilèges. Il était au placard depuis deux ans, mais les choses s'étaient brutalement aggravées ces trois derniers mois. Au début, on le convoquait à des réunions, on le mettait en copie des projets et des rapports, bref on faisait un peu semblant de considérer qu'il existait encore. À présent qu'on avait réussi à l'exiler dans ce coin éloigné, plus besoin de sauver les apparences. On attendait tranquillement qu'il se dégoûte et qu'il s'en aille. On n'allait tout de même pas payer des indemnités sur 25 ans d'ancienneté ! C'était du harcèlement moral, mais il n'assignerait jamais l'entreprise : il était bien trop fier pour se plaindre, pour reconnaître publiquement qu'on l'avait brisé. On le connaissait bien, on avait étudié son profil psychologique avec l'aide du DRH. Il n'y avait rien à craindre de sa part. Un jour, il tomberait malade ou il collerait sa dém'. Cet ingénieur rigide et ringard, avec ses cols pelle à tarte et ses cravates à fleurs, ce vestige des années soixante, ce Saint Just, cet empêcheur de tourner en rond et de faire des affaires entre soi. On en serait enfin débarrassé au moindre coût, sans prendre aucun risque politique. Une opération rondement menée.

Roger Sfax alluma son ordinateur et releva ses e-mails. Rien de bien intéressant, à part les actualités de la Fnac et quelques blagues idiotes que le Directeur Informatique, resté un ami fidèle malgré la situation, lui avait fait suivre. Un essai de moteur d'A 320 fit brusquement trembler les murs, mais il n'y prêta aucune attention. Il chargea Word, et ouvrit pour la centième fois le fichier de son CV sur lequel il travaillait infructueusement depuis des semaines.

« Le problème, se dit-il également pour la centième fois, c'est de faire cadrer ma dernière fonction avec une quelconque responsabilité. » Son titre officiel était : Directeur du Développement Qualité de la Logistique Globale. Un poste qui relevait de la plus haute science-fiction. Rattaché à la fois au Département Logistique et au Service Qualité, sans être utile à aucun des deux. « Je voudrais bien vous trouver des choses à faire, lui avait dit le Directeur de la Qualité d'un air désolé, mais je suis un service industriel, sans la moindre autorité sur la logistique et je ne veux pas avoir un casus belli sur les bras. » Quant au Directeur Logistique, il avait annulé cinq ou six rendez-vous avant de lui faire savoir par sa secrétaire que la « Logistique Globale » ne constituait pas une priorité du service. Roger Sfax se retrouvait donc éjecté de ses anciennes fonctions, dépouillé de ses anciens clients par les jeunes requins aux dents longues et aux cravates Hermès de l'équipe de Gourbera. Et il ne savait pas comment tourner son CV pour éviter que cette triste réalité n'y clignote aussi visiblement qu'un nez de clown sur le visage du Gouverneur de la banque de France.

Et puis à 48 ans, ayant fait toute sa carrière dans la même entreprise, quel espoir pouvait-il avoir ? Les chasseurs de têtes lui riraient au nez. Ils le trouveraient périmé, avec une employabilité zéro, un loser que l'on a mis au rancart parce qu'il ne valait plus rien. Certes, le début de son CV avait fière allure. Jeune ingénieur, il avait été de tous les grands programmes d'aéronautique civile. Rapidement bombardé responsable du Bureau d'Études, puis Responsable des Essais. Qu'est-ce qu'il avait aimé ça, les programmes d'essais des nouveaux avions ! Tout lui souriait à l'époque. On lui avait proposé de faire l'I.A.E., puis l'I.C.G., afin d'apprendre la gestion et de devenir un « manager ». Les lignes suivantes de son CV faisaient encore illusion : Sous-directeur Industriel, Directeur de l'organisation. Puis, encore un virage. Au moment du rachat de Sud-Ouest Aviation par Western Airborne et du grand chambardement qui avait suivi, on lui avait payé une remise à niveau en anglais, puis on lui avait donné la responsabilité des contrats internationaux, en tandem avec les grands commerciaux tels que Gourbera (qu'il avait identifié à la seconde même où il avait mis les pieds dans la boîte comme un petit connard prétentieux), afin d'assurer un minimum de viabilité technique aux propositions émises par ces cow-boys, qui les rédigeaient sur un coin de table à Singapour ou depuis une alcôve à Bangkok.

Le reste avait été une lente désescalade, orchestrée par Buglose, le DG mis en place par les Américains, et la petite cour de yes-men qui l'entourait. Jusqu'à cette fameuse Logistique Globale, un concept sans aucune réalité, une insulte à son intelligence, à sa loyauté, aux nuits et aux week-ends donnés à cette fichue boîte sans rien demander en contrepartie, à son estomac ravagé par un ulcère…

Jusqu'à se haïr lui-même de rejoindre chaque matin son petit placard, où il aurait pu crever sans que personne ne s'en aperçoive, à se mépriser de ne pas monter à la Direction dire leurs quatre vérités à ces magouilleurs. Mais il aurait fallu assumer, alors. Dire la vérité à sa femme, à son fils, qui le croyaient toujours l'un des dirigeants débordés et performants de la SOFERBA. Quelle farce ! Même pas capable de se sortir d'un problème aussi trivial que la rédaction de son CV. Un pathétique tableau d'échec. D'ailleurs, fût-il parvenu à faire tenir debout un semblant de CV qu'il aurait été bien en peine de savoir à qui l'adresser. Les concurrents ? Il n'y en avait que trois dans le monde et ils n'attendaient pas Roger Sfax. Et puis l'anglais n'avait jamais été son fort, malgré les cours particuliers. D'ailleurs, il n'avait jamais su se mettre en valeur. Il méprisait un peu ces gens qui se font mousser et se poussent du col pour se faire remarquer. Il croyait à la valeur d'un dur travail et au fait que les résultats, acquis à force d'acharnement constituaient une reconnaissance suffisante. Question d'éthique personnelle. Mais aujourd'hui, dans le monde de l'aéronautique comme ailleurs, il était un parfait anonyme. Il n'avait pas participé à des colloques, prononcé des conférences, écrit des articles. Du vent, tout cela ! Mais un vent qui peut pousser la voile de celui qui doit rebondir.

D'ailleurs, c'était bien simple : il était sûr que sur Internet, son nom était totalement inconnu. Pendant ses longues heures d'inaction, il avait interrogé différents moteurs de recherche sur les mots « Gourbera », « Buglose », et avait obtenu d'impressionnantes listes de citations sur les sites consacrés à l'aéronautique civile. Mais il n'avait jamais eu la curiosité, ni l'orgueil, de chercher son propre nom. De toute façon, il ne s'y trouverait pas, sauf peut-être au chapitre géographie, Sfax étant une localité de Tunisie sans intérêt touristique.

Il regarda l'heure : trois heures et demie, encore au moins trois heures à tuer avant de pouvoir légitimement rentrer à la maison. Rien de mieux à faire que ce genre d'ânerie. Il se connecta donc sur google.com et tapa son propre nom dans la petite fenêtre. Dans l'atelier voisin, un essai de turbine fit retentir son grondement déchirant, montant rapidement vers les aiguës. Le regard rivé sur l'écran de son PC, Roger Sfax haussa les sourcils. Google avait trouvé une réponse, une seule. Un site intitulé *http://www.rogersfax.com*. Au-dessous du nom du site, figurait une simple phrase de présentation : rogersfax.com, l'entreprise intérieure de Roger Sfax.

« Qu'est-ce que c'est que ce truc-là ? » siffla Roger entre ses dents. À sa connaissance, il n'avait jamais eu de site Web, ni même de page personnelle. D'ailleurs, il ne s'était vraiment mis à Internet que ces derniers mois, pour meubler ses heures d'inaction forcée. Il avait écumé les sites de technique aéronautique, les annonces de recrutement, et même quelques sites érotiques les jours où il avait vraiment le moral dans les chaussettes. Mais jamais il n'avait laissé son nom nulle part. Étant méfiant de nature, il craignait l'usage commercial que l'on aurait pu faire de son adresse e-mail. D'où pouvait donc sortir ce site ? Qui lui faisait une mauvaise blague ?

Il amena le curseur sur le lien, faisant apparaître l'habituelle petite main blanche, cliqua, et soudain…

ET SOUDAIN…

Et soudain, il se retrouve dans un immense entrepôt désaffecté aux murs de brique rouge. Cela sent la poussière et l'humidité. Son ordinateur a disparu, remplacé par une machine électrique antédiluvienne aux touches couvertes d'une moisissure peu engageante. Là où se trouvait l'écran du moniteur, un enchevêtrement de fils de cuivre oxydés, branchés sur un fouillis bourdonnant de lampes de radio, de valves, de bobinages, qui lui rappellent vaguement le poste à galène qu'il avait fièrement bricolé l'année de ses quatorze ans.

Levant la tête, il aperçoit un quai de chargement désaffecté, devant lequel rouillent trois camions des années quarante en piteux état, aux tôles disjointes, dont les roues ont été remplacées par des cales. Il règne dans ce lieu un silence sépulcral, troublé seulement par le bourdonnement de l'étrange machine électrique et le bruit du vent, qui passe par les carreaux cassés. Les murs se terminent en effet par des baies vitrées, toutes brisées, recouvertes d'un papier mauve en lambeaux qui flotte mollement au gré de la brise.

« Cette fois-ci, ça y est, je suis devenu fou, se dit-il avec terreur. Ca devait arriver, avec tout le stress accumulé depuis deux ans. J'ai pété les plombs ! »

Il ferme les yeux, respire un bon coup, se masse les globes oculaires. Rouvre un œil, puis les deux. L'hallucination n'a pas disparu.

« Bon, je suis certainement en train de rêver. J'ai dû m'endormir dans mon bureau, voilà tout. Il y a forcément une explication rationnelle. Je vais me réveiller et j'irai prendre un bon café au distributeur. »

Mais pour un rêve, le décor est étrangement stable. Il y a ces machines outils, dans un coin, avec leurs transmissions à courroie, que l'on dirait sorties tout droit d'un documentaire sur l'industrie au début du vingtième siècle. Des moteurs électriques rouillés traînent sur des établis de bois, couverts de toiles d'araignées. Roger se met debout, ce mouvement soulève des nuages de poussière, dont les grains brillent comme mille petites galaxies dans le rayon de soleil qui vient de la fenêtre brisée.

Une extraordinaire découverte : à l'intérieur de Roger Sfax, il y a une entreprise

Au fond du hangar, une porte de métal blindé, de plusieurs mètres de hauteur, est attachée par d'énormes barres rouillées, entourées de chaînes. Les camions devaient emprunter cette issue, il y a très longtemps, avant que l'endroit ne soit abandonné. Que s'est-il passé ici ? Pourquoi ces camions ont-ils été réformés, ces portes condamnées, ces appareils obsolètes entassés partout ?

Au prix d'une nouvelle tempête de poussière et de toiles d'araignées, Roger entasse plusieurs caisses de bois contre le mur et parvient à se glisser à l'extérieur par une fenêtre. Il débouche sur un talus herbeux, en bas duquel s'étend une cour pavée, qui sert de parvis à une usine. Il fait quelques pas sur ce parvis puis, jetant un regard circulaire, se rend compte que le bâtiment d'où il sort fait en réalité partie de l'usine, dont il constitue une dépendance. Sur sa façade, en lettres à demi effacées et mangées par la mousse, figure une inscription qu'il déchiffre avec difficulté :

RÉCEPTIONS – EXPÉDITIONS
CONTACTS AVEC L'INTÉRIEUR

Il fronce les sourcils et grogne :

« Ils ont fait une erreur. C'est contacts avec *l'extérieur*, qu'ils auraient dû marquer. Contacts avec l'intérieur, ça n'a strictement aucun sens ! »

Il se retourne et fait quelques pas vers l'usine principale. Vue du quai d'expéditions, elle ressemble à un enchevêtrement confus de hangars de briquette rouge reliés par des tuyaux et des conduites. Occupant à vue de nez une superficie de plusieurs hectares, elle est constituée de deux bâtiments séparés par une cour pavée. Les bâtiments ressemblent aux dessins d'enfants représentant des usines, avec une succession de toits pointus surplombés par de grandes cheminées. Des camionnettes et des chariots élévateurs semblent posés au hasard entre eux, comme des jouets abandonnés. Au fond du parc, s'élève un étrange édifice de brique ocre à plusieurs étages, presque une villa mussolinienne, avec double escalier et perron. D'un point de vue architectural, en tout cas de celui de Roger, l'ensemble apparaît douloureusement moche, contrastant avec le ciel bleu et les grands pins que la fumée nauséabonde recrachée par les cheminées des deux bâtiments principaux ne semble pas affecter.

Tant qu'à faire des rêves stupides, se dit-il, autant y aller à fond. Ca lui fera toujours quelque chose à raconter au dîner. Il se dirige d'un bon pas vers l'usine principale, distante d'environ cinq cents mètres, suivant des rails rouillés qui la relient au hangar dans lequel il est apparu. Chemin faisant, il se rend compte que l'ensemble du site est entouré par de hautes clôtures grillagées, au sommet muni de barbelés. Tous les deux cents mètres, s'élèvent des miradors équipés de puissants projecteurs lumineux, et dans lesquels il lui semble distinguer des gardes armés. Ce déploiement de forces le met un peu mal à l'aise. Quels secrets ces gens-là cherchent-ils à protéger pour ériger autant de barrières ? Quels dangers les menacent donc à ce point ?

Vue de près, l'usine principale est encore plus délabrée qu'elle n'en avait l'air. Plusieurs fenêtres sont cassées, là aussi, et rafistolées avec des bouts de carton ou du papier mauve. Mais ce qui retient l'attention de Roger est l'inscription qui s'étale sur la façade en lettres un peu fanées, dans une typographie désuète :

ÉTABLISSEMENTS ROGER SFAX
S.A.C.F.M.A.C.
SOCIÉTÉ ANONYME DE CONCEPTION ET FABRICATION
DE MÉCANISMES AFFREUSEMENT COMPLIQUÉS

Roger fait la grimace. Décidément, ce rêve tourne au cauchemar. Un hangar désaffecté, des épaves de camions, des miradors, et à présent cet objet social absurde, à la limite de l'insulte. Il est vrai que sa femme et ses proches lui ont souvent reproché de tout compliquer à loisir et de se noyer dans les détails. Lui qui ne cherche qu'à se montrer clair et précis, fiable en toutes circonstances. Saisi par une angoisse panique, il a le sentiment d'étouffer. Ses jambes ne le portent plus, il a l'impression que son cœur va lâcher. Un voile noir descend devant ses yeux, il vacille.

Une vibration contre sa hanche distrait son attention. Son portable. Il l'avait complètement oublié. Mais un coup d'œil lui suffit pour comprendre que là aussi, le cauchemar a fait son œuvre. Le portable accroché à sa ceinture ne possède qu'une seule touche, une touche unique sur laquelle figure un simple point d'interrogation.

Une voix calme et rassurante se fait entendre dans l'écouteur

Dans l'écouteur, une voix d'homme calme et rassurante :

« *Calme-toi, Roger Sfax ! Tu ne cours aucun danger.*

– Qui êtes-vous ?

– Je suis ton coach. Ma mission consiste à t'accompagner dans la découverte de ton entreprise intérieure.

– De ma quoi ?

– Les Établissements Roger Sfax. Ils se situent à un niveau symbolique et virtuel, dont tu viens de trouver l'entrée. À l'intérieur de toi. C'est cette entreprise qui mène ta vie, te permet de réaliser tes objectifs, d'entrer en contact avec les autres, etc.

– Je veux me réveiller, crie Roger dans le combiné.

– Tu ne dors pas. Tu es dans un autre niveau de réalité, à l'intérieur de toi-même. Pour y accéder, il te suffit de te connecter sur *www.rogersfax.com*, qui est un portail vers ce monde.

– Je veux me réveiller, s'obstine Roger. Je n'aime pas du tout ce rêve.

Le coach a un petit rire.

– C'est toujours le cas, au début, lorsqu'on se retrouve en face de soi-même.

Roger répète une troisième fois qu'il n'entend rien aux diverses « réalités intérieures », que tout ceci lui semble du charabia new age et qu'il souhaite terminer cette… cette expérience au plus vite.

– Finalement, tu as sans doute raison, conclut le coach. Ce n'est peut-être qu'un rêve. Mais si ce rêve était essentiel pour être capable de te réveiller vraiment dans ta vie ? »

ET BRUTALEMENT…

Et brutalement Roger Sfax était de retour dans son minuscule bureau en préfabriqué de la SOFERBA, en face de l'écran de son ordinateur. L'écho des derniers mots du coach résonnait encore dans ses oreilles. Le vrombissement de l'essai turbine était toujours suspendu dans les airs. Il semblait qu'aucun temps ne se fût écoulé depuis son départ. Le hangar, la découverte de l'usine, le trajet ; tout ceci n'avait pris que deux ou trois monstrueuses secondes. Il vérifia à sa montre : trois heures trente-deux. S'assura que toutes les touches de son téléphone portable étaient revenues. Puis se gratta la tête. Une entreprise intérieure qui sert à mener sa vie. Un téléphone à une seule touche relié à un coach. Des mécanismes affreusement compliqués. Un rêve qui aide à se réveiller. Peut-être était-il en train de perdre totalement les pédales.

Mais il lui faudrait retourner là-bas. Ne serait-ce que pour éclaircir le mystère des barbelés et des miradors. Ne serait-ce que pour pénétrer à l'intérieur de cette usine délabrée et y trouver, peut-être, des solutions pour améliorer son existence.

DÉBRIEFING : COMMENT LES ÉVÉNEMENTS DE NOTRE VIE SE TRADUISENT DANS NOTRE « ENTREPRISE INTÉRIEURE »

Interrompons quelques instants le film des aventures de Roger Sfax et laissons-le dans le bureau calamiteux où les manœuvres politiques des dirigeants de la SOFERBA l'ont confiné. Il se demande ce qui lui est arrivé, et peut-être lui serait-il profitable d'y réfléchir quelques minutes. Je vous propose d'y réfléchir avec lui, de façon à voir ce que vous pouvez retirer de ce chapitre pour vous-même.

Qu'est-ce qui arrive à Roger Sfax dans sa vie réelle ?

Roger Sfax est typique de la personne qui vit dans son travail une crise d'adaptation liée à des changements qu'il n'arrive pas à gérer. Nous traversons tous, à un moment ou à un autre de notre vie professionnelle, de telles périodes. Soit à l'occasion d'un premier job, soit au moment où l'on nous confie de nouvelles responsabilités, soit lorsqu'il se produit un changement de patron ou de stratégie, soit tout simplement lorsque, ayant fait le tour d'un job, nous arrivons en fin de cycle et nous demandons de quoi sera faite l'étape suivante.

Dans sa situation particulière, Roger combine à lui tout seul cinq problématiques bien distinctes :

- ✓ *Il a vécu l'époque pionnière de son entreprise*, et n'a pas su faire le deuil de cette époque pour accepter de se prêter à des règles du jeu différentes, liées à une autre façon de manager l'entreprise qui est celle d'un groupe américain multinational.
- ✓ *Il s'est éloigné de ses vraies compétences* en acceptant des évolutions professionnelles qui ne lui convenaient pas forcément, et qui se

sont révélées progressivement des pièges qui le poussaient vers une voie de garage.

✓ *Il n'a pas su lire la grille politique de l'entreprise* et tenir compte des intérêts égoïstes des uns et des autres, ce qui l'a amené à rentrer en conflit avec des collègues, qui ont fini par avoir sa peau.

✓ *Il n'a pas su décider de partir* et a préféré se laisser pousser dans une impasse, refusant de voir sa situation en face et de commencer à construire un projet professionnel. En l'absence d'une dynamique de changement qui aurait pu le tirer vers l'avenir, il a laissé la situation se détériorer et se retrouve aujourd'hui dans une réelle souffrance, sans apercevoir la moindre porte de sortie.

✓ *Il a du mal à communiquer avec les autres* et à partager ses émotions, car il ne veut pas se sentir redevable et apparaître en situation de faiblesse. Enfermé dans ses problèmes, il n'en parle à personne, ce qui l'empêche de prendre de la distance et de rechercher des solutions.

Pourquoi s'est-il laissé coincer de la sorte ?

Il est rare que nous nous retrouvions dans une passe difficile du jour au lendemain. En général, il y a de nombreux signes avant-coureurs. Mais nous ne les entendons pas. Isolés, ces « signaux faibles » n'ont pas une intensité, ni une lisibilité suffisantes pour attirer notre attention. Ils ne forment un tableau cohérent qu'à la longue. Nous sommes semblables à cette grenouille qui, plongée brusquement dans de l'eau à cent degrés, bondit vivement hors de la casserole, mais se laisse tranquillement ébouillanter pour peu qu'on la plonge dans une eau froide que l'on réchauffe ensuite degré par degré.

Mais la raison la plus importante n'est pas là. En général, nous ne voulons pas nous rendre compte des problèmes qui nous dérangent. Nous refusons de les voir et de les entendre, par un mécanisme que les psychologues appellent le déni. Et non seulement nous refusons de voir les problèmes, mais de façon encore plus symptomatique, nous refusons d'entendre les signaux que nous envoie notre organisme. La fatigue, les insomnies, les brûlures d'estomac, l'irascibilité, les douleurs de dos, sont quelques-uns des messages que nous envoie notre corps pour essayer d'attirer notre attention sur le fait que peut-être en ce moment, il y a quelque chose qui ne va pas dans notre vie. Mais « un homme, ça doit serrer les dents », « ne pas s'écouter comme une mauviette ». Et c'est ainsi, à force de serrer les dents, que l'on peut perdre progressivement le contact avec la réalité de l'environnement et avoir l'impression que le contrôle de notre vie nous échappe.

Comment peut-il trouver des solutions ?

La réponse à cette question fait l'objet de l'ensemble du livre. Mais avant d'aborder le « comment ? », la question cruciale est celle du « où ? » Et c'est une question piège, parce que la réponse est en deux parties apparemment contradictoires. Première partie : les solutions sont en lui-même. Deuxième partie : il a besoin des autres pour y parvenir et pour les mettre en œuvre.

Autrement dit, la clé de n'importe quel processus de changement personnel est à l'intérieur de nous-même. C'est l'envie de changer, et l'envie de mieux se connaître afin de déterminer ce que l'on voudrait changer. Pour vous en persuader, un petit exercice simple :

Si j'en avais le pouvoir, quelle est la chose que je voudrais changer tout de suite dans ma vie ?

Et maintenant, si vous avez réfléchi quelques secondes à cette question, la vraie question qu'elle dissimule : comment savez-vous que vous n'en avez pas le pouvoir ? Avez-vous essayé ? Quand ? Combien de fois ? Quelles leçons avez-vous tiré de vos échecs successifs ? Et aussi : qu'espérez vous retirer de ce changement ? Qu'est qui vous fait croire que le changement envisagé va produire les effets escomptés ? Etc.

Tout ceci pour vous dire qu'il est difficile et douloureux de changer. « On sait ce que l'on perd, on ne sait pas ce que l'on va trouver », dit la sagesse populaire. Beaucoup de gens restent dans des situations insatisfaisantes, parfois des années ou même toute leur vie, parce qu'ils sont terrifiés par l'idée de changer cette situation. Ils connaissent leur prison par cœur, font les cent pas dans leur cellule les yeux fermés, mais la liberté les inquiète beaucoup plus que l'incarcération ne les fait souffrir. Finalement, la prison, cela n'a pas que de mauvais côtés. On vous sert à manger régulièrement, les horaires sont fixes, on est à l'abri de l'extérieur, on n'a pas trop de questions à se poser…

Et pour aller un pas plus loin, beaucoup de gens ne se rendent même pas compte qu'ils ne sont pas satisfaits de la vie. Ils se racontent et racontent à leurs proches une belle histoire dans laquelle ils possèdent une jolie maison, un job très exigeant mais très bien payé, une grosse BMW. Mais au fond de leurs nuits blanches, dans le secret de leur cœur, par moment, ils sentent bien qu'il leur manque quelque chose. Une chose qui ne se résume pas à une augmentation ou une promotion (même si cela fait plaisir et calme un moment les démangeaisons existentielles). Un sentiment de remplir sa vie et d'être rempli par elle, qui ne se trouve pas dans la réussite, ni dans la célébrité, ni dans la séduction. Car ce sentiment, il se cultive en soi. Pour croître, il nécessite de tourner son regard vers l'intérieur de soi.

REGARDER À L'INTÉRIEUR DE SOI ? QUELLE HORREUR !

C'est exactement la réaction de Roger Sfax lorsqu'il débarque dans le hangar des « échanges intérieurs ». Et c'est la réaction naturelle de la plupart d'entre nous. Nous sommes habitués, depuis l'école, à réfléchir sur des problèmes et à trouver la bonne réponse en un temps record. Plus tard, managers, nous nous distinguons par notre capacité à trouver les meilleures stratégies pour atteindre les objectifs qui nous sont fixés. Pendant ces années de guerres professionnelles, avouons-le, notre priorité n'était pas de nous regarder à l'intérieur. Cette activité même connotait « psy », pas dynamique, pas performant. « Il passe son temps à se regarder le nombril », ou « Il a des états d'âme » : trouvez-vous ces termes valorisants lorsqu'ils s'appliquent à un manager ? Ou préférez vous entendre : « il est toujours sur la brèche », ou « c'est un homme d'action qui ne perd pas de temps à couper les cheveux en quatre » ?

Mais à l'intérieur, il y a du monde !

Pourtant, à l'intérieur de vous, il n'y a pas rien. Ce n'est pas vide. Je ne parle pas de votre estomac, de votre vésicule biliaire ou de votre cerveau. Ces derniers pourraient être comparés au moteur de la voiture. Mais il y a également quelqu'un ou quelque chose qui décide de démarrer le moteur, de le laisser chauffer ou de foncer tout de suite à 180 km/h, de prendre l'autoroute ou de passer par les petits chemins, de freiner au dernier moment ou d'anticiper, de respecter les piétons qui traversent ou de les frôler dans un grand coup de klaxon, etc.

La découverte de ce quelqu'un est notre objectif. Nous avons plongé Roger Sfax un peu malgré lui dans son univers intérieur, puisque le site portant son nom qu'il a découvert par hasard sur le Web l'y a précipité tout droit. Pour vous, il n'y aura peut-être pas de site magique, mais un déclic. La décision de regarder en face la personne que vous êtes aujourd'hui, et la façon dont cette personne mène sa vie. Et de vous demander si cette personne est bien vous et si cette façon vous convient vraiment.

Car à l'intérieur de vous, de moi, de chacun d'entre nous, il n'y a pas un pilote, mais des pilotes. Une foule de pilotes. Celui qui veut aller lentement et s'arrêter à tous les feux rouges. Celui qui veut s'éclater et faire la course avec les autres voitures. Celui qui sait réparer le moteur. Celui qui prépare le pique-nique et le met dans le coffre. Celui qui préférerait y aller en vélo. Et tout ce monde-là se chamaille et se querelle car chacun a de bonnes raisons pour imposer son point de vue et ses envies. S'il ne sort pas des rangs, à un moment donné, une espèce de chef pilote qui dit à tous les autres : « bon, maintenant on va faire comme ci et comme ça », vous serez en proie à de nombreux conflits intérieurs, déchiré entre des parties de vous-même qui ne parviennent pas à se mettre d'accord.

Ce qu'il est important de retenir pour le moment est que vous êtes composé de plusieurs parties.

Comme un ordinateur est constitué de plusieurs sous-systèmes qui remplissent chacun une fonction. Dans la suite de cet ouvrage, nous appellerons ces différentes parties de votre personnalité des sous-personnalités[1].

Lorsque je dis « vous », ce mot ne désigne donc pas une seule personne, mais la résultante de tout un groupe de sous-personnalités intérieures. Ce « vous » appartient donc à la deuxième personne du pluriel. Il s'adresse collectivement à votre groupe de sous-personnalités.

Pourquoi les assimiler à une entreprise ?

On pourrait en effet imaginer des tas de mises en scène différentes pour représenter le jeu de vos sous-personnalités. L'une d'elles est le modèle de la voiture avec plusieurs pilotes développé au paragraphe précédent. Mais nous sommes des hommes et des femmes de l'entreprise, qui y menons notre activité professionnelle depuis des années. L'entreprise est notre cadre de vie naturel, nous y trouvons facilement nos repères.

D'un autre côté, le travail des sous-personnalités qui nous composent, leurs conflits éventuels ressemblent beaucoup à ce qui se passe dans une entreprise[2].

Nos sous-personnalités effectuent en effet un travail, celui qui consiste à régler notre comportement dans notre vie quotidienne, de façon à nous permettre d'être adapté à notre

1. Ce terme est employé couramment en Dialogue Intérieur, ainsi que celui de « sub-personnalités » qui est le terme initialement forgé par Hal et Sidra Stone dans le modèle qu'ils ont mis au point, mais plus difficile à prononcer en français. Pour tout ce qui concerne le Dialogue Intérieur, sur lequel est basé le modèle de personnalité de l'entreprise intérieure, on se reportera aux crédits techniques qui figurent à la fin de cet ouvrage.

2. L'un de mes clients, ingénieur chez un grand constructeur automobile, donnait l'interprétation suivante de ses sous-personnalités : « C'est comme un bureau d'études chargé de mettre au point une nouvelle voiture. Il y a l'ingénieur chargé de la sécurité qui veut mettre des airbags et des renforts métalliques partout, ce qui alourdit considérablement la voiture. Il se dispute avec l'ingénieur qui s'occupe des performances, qui veut alléger la carrosserie au maximum et augmenter la cylindrée du moteur. Mais cela ne plaît pas à l'ingénieur qui travaille sur le confort, ni au contrôleur financier qui voit d'un très mauvais œil les dépassements de budgets induits par toutes ces modifications. Je dois donc trouver un chef de projet qui arrive à mettre tout le monde d'accord en trouvant le bon équilibre entre sécurité, performance et confort, sans trop dépasser le budget. »

environnement et à atteindre nos objectifs. On peut facilement les comparer à une entreprise, une entreprise située à l'intérieur de nous-mêmes dont le but est de produire non pas des automobiles, mais des comportements, des analyses, des stratégies, des réactions. Tout ce qui nous permet d'avancer dans la vie, d'atteindre nos buts, de résoudre les problèmes que nous rencontrons. Comme toute entreprise, si elle est bien managée, elle livre dans les délais les « produits » dont nous avons besoin. Mais si le personnel est en grève, ou si le comité de direction passe son temps à se disputer au lieu de prendre des décisions et de faire avancer les projets, les résultats se feront ressentir douloureusement dans notre vie. Nos comportements seront inadaptés au contexte, nos réactions exagérées ou inhibées, notre perception des situations faussée. Comme une entreprise qui analyse mal son marché, nous produirons des messages inefficaces adressés aux mauvaises cibles.

Comparer notre personnalité à une entreprise est donc un modèle efficace pour comprendre ce qui se passe en nous, comment nous fonctionnons, et comment nous pouvons changer.

Pourquoi Roger Sfax atterrit-il dans un hangar ?

Le point d'entrée de Roger Sfax dans son entreprise intérieure est un hangar désaffecté, un capharnaüm où l'on trouve pêle-mêle des camions en panne, de vieilles machines outils couvertes de poussière, et des portes closes depuis tellement longtemps qu'elles sont soudées par la rouille. Cela a tout à voir avec sa personnalité : c'est un homme solitaire, d'un certain âge, avec un profil technique et une carrière industrielle, dont les contacts avec les autres ont été rompus, et qui a perdu toute capacité d'introspection. D'où sa réaction à l'inscription « contacts avec l'intérieur », qu'il imagine être une erreur, tant il a perdu cette faculté.

Mais en fonction de votre personnalité et de votre parcours personnel, votre point d'entrée dans votre entreprise intérieure à vous sera entièrement différent : hall d'une grande agence de publicité pleine de monde, bureau de verre et d'acier au sommet de la plus haute tour de la Défense, petit coin confortable au cœur de la jungle amazonienne, carlingue d'un avion en vol dont vous êtes le pilote, toilettes au bout du couloir d'un musée, boutique de fringues… il s'agit de laisser vagabonder votre imagination…

Pourquoi l'entreprise intérieure de Roger Sfax semble-t-elle si délabrée ?

Roger Sfax est un homme en crise, une crise qui dure depuis longtemps et dont les racines sont profondes. Les dégâts produits sur son entreprise intérieure sont considérables. Au moment où il la contemple pour la première fois dans son ensemble, elle lui donne une impression de vétusté. Ceci pour exprimer d'une part le fait qu'il ne s'en est pas occupé depuis très, très longtemps, d'autre part, pour exprimer la gravité des problèmes que connaît cette entreprise, qui correspond à celle des problèmes rencontrés par Roger Sfax dans sa vie réelle.

Cette entreprise se présente comme un petit complexe industriel aux toits pointus, tel que peut s'exprimer le monde intérieur d'un ingénieur, dont le système de valeurs et les modes de fonctionnement datent un peu, marqués par une certaine rigidité et par le traditionalisme des méthodes. Mais là encore, chacun d'entre nous construit son entreprise intérieure à son image.

Pourquoi tant de barbelés et de miradors ?

Symboliquement, les clôtures qui entourent notre entreprise intérieure représentent les barrières que nous mettons en place pour nous protéger des autres et les empêcher de rentrer dans notre intimité. Roger Sfax est un homme assez méfiant, secret et peu facile d'accès. Il consacre donc une grande partie du budget de son entreprise à ériger et entretenir ces barbelés, à payer ces nombreux gardiens qui veillent sur sa tranquillité. Là encore, on devine une exagération, qui trouvera son explication par la suite. Mais d'ores et déjà, ceci vous incite à vous poser la question de vos propres moyens de protection vis-à-vis de l'extérieur :

Trop de sécurité, comme Roger Sfax, signifie une affectation de moyens (gardiens, murs, systèmes de détection...) et donc de budgets (temps et énergie) disproportionnés par rapport au bénéfice escompté : se protéger, mais contre quoi ou contre qui ?

Pas assez de sécurité, à l'inverse, autour du site, vous expose à ce que n'importe qui y pénètre comme dans un moulin, autrement dit, à voir votre intimité envahie en permanence par des gens qui n'ont rien à y faire et dont la présence empêche l'usine de tourner.

Pourquoi la raison sociale des Établissements Roger Sfax est-elle si alambiquée ?

La raison sociale de notre entreprise intérieure exprime le sens que nous donnons à notre activité, la façon qui est la nôtre de nous inscrire dans la conduite de notre vie. Roger Sfax est un homme précis et perfectionniste qui a tendance à aller dans le détail, ce qui aboutit souvent à compliquer des choses simples. D'où l'inscription au fronton de son usine.

Pour préciser un peu les choses, examinons différents types d'entreprises intérieures et leur principale activité :

- ✓ Les entreprises de production : qui ont pour but de concevoir et de construire.
- ✓ Les entreprises de contact : qui privilégient les relations avec les autres
- ✓ Les agences de publicité : qui travaillent essentiellement sur la mise au point de l'image de la personne
- ✓ Les sociétés de sécurité : dont la vocation est de se maintenir à l'abri des dangers de la vie
- ✓ Etc.

La recherche de votre raison sociale est un exercice de vérité. Vous pouvez en parler autour de vous. Y jouer, comme aux portraits chinois. Entendre ce que vos proches ont à vous dire sur le sujet. Avec humilité. Car il est possible qu'à l'instar de notre héros, vous ressentiez au détour de ce qui a commencé comme une aimable plaisanterie, l'angoisse qui nous saisit parfois lorsque nous faisons face à un élément de notre propre vérité. S'éveiller à une nouvelle vision des choses, c'est aussi regretter certaines illusions bien confortables que nous entretenions sur nous-mêmes. Il faudra donc persévérer, ce qui sera facilité par une prise de distance, un retour au réel. Et puis viendra un moment où, comme Roger Sfax, vous sentirez qu'il est temps d'y retourner...

Exercices

Ces exercices, que vous trouverez à la fin de chaque chapitre, méritent quelques moments de réflexion. N'ayez pas peur de rêver. L'imagination est un muscle[1] qui peut s'ankyloser, mais qui ne disparaît jamais. Même si, après quelques années d'inactivité, son redémarrage peut vous occasionner quelques courbatures.

Pouvez vous trouver une situation de votre vie où deux de vos sous-personnalités n'étaient pas d'accord entre elles ? Quel était le point de vue de chacune des sous-personnalités impliquées ? Et comment vous êtes vous sorti de ce conflit ?

Et vous ? Quel est l'endroit de votre entreprise intérieure dans lequel vous pourriez atterrir ? Quel est son décor ? Est-ce une multinationale aux murs de verre et d'aluminium ? Une vieille usine traditionnelle, comme celle de Roger Sfax ? Un hypermarché jouxté d'une galerie marchande ? Une salle de spectacle ? Un parc d'attractions façon Disney ? Ou peut-être une ferme avec des silos de grain et un moulin ?

Quel est le dispositif de sécurité de votre usine intérieure ? Barbelés et miradors ? Réception avec un simple poste de garde ? Caméras de surveillance ? Rien du tout ?

Quelle pourrait être la raison sociale inscrite sur votre entreprise intérieure à vous ? Quelques exemples : rétablissement

1. Le Service création de votre entreprise intérieure : il faut ouvrir les volets, réveiller toute l'équipe et les remettre au boulot !

de la justice dans le monde, conception et fabrication de bonnes blagues, entreprise d'enrichissement financier, collection d'accidents & de problèmes en tout genre, S.A. de production et d'élevage d'enfants, programmation de vacances et de loisirs sympas, diffusion de tendresse, mise au point de bonnes idées qui tombent à l'eau…

2

UNE VISITE GUIDÉE DES ÉTABLISSEMENTS ROGER SFAX

ROGER SFAX EST REVENU. Il se tient debout devant les deux bâtiments principaux de son entreprise intérieure, toujours aussi misérables malgré leur taille imposante. Pour une raison ou pour une autre, cette fois-ci, il pleut. Cette météo intérieure est-elle en rapport avec son humeur du jour, ou suit-elle des lois différentes qui se situent au-delà de son entendement, comme chaque chose dans cet univers dont il a fini par se persuader qu'il a peut-être quelque chose à y apprendre ?

Il a longuement réfléchi à sa première visite avant de décider de revenir, se convaincant peu à peu qu'il s'était vraisemblablement assoupi quelques secondes. À son « réveil », en effet, il ne s'était écoulé qu'une ou deux secondes. Le soir, il est rentré chez lui, pensif, et n'a pas répondu aux questions de sa femme lorsqu'elle lui a demandé ce qui le préoccupait. Il se serait senti ridicule d'avouer qu'il s'était endormi au bureau en plein milieu de l'après-midi, et qu'il avait fait un rêve sans queue ni tête. Mais depuis lors, ce rêve l'a poursuivi sans relâche. Il revoyait les murs décrépits, les clôtures hérissées de barbelés, les pavés disjoints de la cour ; les mots du coach restaient vrillés dans son cerveau : « si ce rêve était essentiel pour être capable de te réveiller vraiment dans ta vie ? »

Plusieurs jours se sont écoulés. Et ce matin, après avoir fermé à clé la porte de son préfabriqué, un gobelet de café bien chaud à côté de lui, il s'est à nouveau connecté sur le site. Et instantanément, il s'est retrouvé dans le hangar des « contacts avec l'intérieur ». Seulement celui-ci a légèrement changé. Le désordre et la poussière sont les mêmes, ainsi que l'entassement de machines et les camions obsolètes, mais quelqu'un a déverrouillé les grandes portes de métal. Elles sont désormais légèrement entrebâillées et les chaînes rouillées gisent à l'extérieur, entassées au pied du mur.

Le trajet en pente douce vers les bâtiments de l'usine a passé comme un éclair. *Conception et fabrication de mécanismes affreusement compliqués*, qu'est-ce qu'il ne faut pas entendre !

Roger hésite, à une cinquantaine de mètres des deux usines. Levant la tête, il se rend compte que les hautes cheminées ne rejettent aucun panache de fumée. Il est étonné de ne pas apercevoir le moindre véhicule. Par quel moyen les ouvriers viennent-ils travailler ? Soudain, Roger prend conscience du silence qui règne sur le site. Une usine, normalement, cela cogne, ferraille, meule, fraise, emboutit. Ces bruits sont ses battements de cœur. Mais là, une immobilité totale semble régner. Les seuls mouvements, au loin, sont ceux des ombres qui veillent dans les tours des miradors.

C'est alors qu'une porte s'ouvre sur le côté de l'usine située à gauche, celle qui porte l'inscription vexatoire. Un petit groupe de gens en débouche et entreprend de longer le mur. Ils sont une dizaine, vêtus de stricts costumes noirs, et suivent un jeune homme qui leur parle avec animation en désignant du doigt divers détails de la façade. Personne ne semble avoir repéré la présence de Roger. Ce dernier prend donc le risque de s'approcher en catimini et de se mêler discrètement au groupe. Aucun de ses membres ne lui prête attention, mais comme camouflage, c'est un peu raté car il s'agit d'un groupe de Japonais et Roger, avec son mètre quatre-vingt-trois, les dépasse d'une bonne tête. Il comprend qu'il s'agit d'une visite guidée, organisée pour ces gens qui sont peut-être des clients, ou des acheteurs potentiels du site.

« Nous allons à présent pénétrer dans l'autre partie du bâtiment de gauche, explique le guide.

– Excusez ma curiosité, mais pourquoi devons nous sortir du bâtiment et repasser par l'extérieur pour en visiter l'autre partie ? demande l'un des visiteurs.

Le guide hausse les épaules, et se retourne à demi pour répondre. Roger a l'étrange impression de l'avoir déjà rencontré quelque part. Cette silhouette haute et maigre. Ces cheveux noirs épais et frisés.

– Cela fait partie des bizarreries de notre usine. La plupart des cloisons intérieures ne comportent pas de portes de communication. Parfois, il faut marcher près d'un quart d'heure pour rejoindre deux ateliers adjacents. Certains ouvriers se perdent encore, après plusieurs années.

– Pardonnez mon impertinence, reprend le Japonais, mais n'avez-vous jamais pensé à trouver une solution ?

– Bah, soupire le guide. Cela fait tellement longtemps que l'on fonctionne ainsi… à la longue, tout le monde s'est habitué.

Il ouvre alors une porte métallique grâce à un imposant trousseau de clés qu'il porte à la ceinture, et s'efface pour laisser passer devant lui les membres de la délégation. Arrivant en dernier, Roger se retrouve face à face avec le jeune homme et n'en croit pas ses yeux. Bien sûr qu'il l'a rencontré, cet individu ! Tous les matins dans son miroir… il y a trente ans. En face de lui, se tient une version de lui-même à dix-sept, dix-huit ans. Quelle tignasse il avait, à l'époque !

– Qui es tu, toi ? demande Roger, abasourdi.

– Je m'appelle Rog, répond le jeune homme en souriant. Même la voix est la sienne, un peu grêle et qui tremble très légèrement sur les finales.

– Rog comment ?

– Rog, c'est tout. Je ne pense pas avoir d'autre nom. Je suis stagiaire dans l'entreprise, on me confie les groupes. Et vous, je parie que vous faites partie de la Direction et que vous venez m'inspecter par surprise.

Prudemment, Roger ne confirme ni n'infirme cette hypothèse. « Rog », c'est ainsi que l'appelaient ses copains de lycée, puis de fac.

– Depuis combien de temps es-tu en stage ici ?

Rog referme la porte et se dirige vers la tête du groupe pour reprendre la visite :

– Depuis toujours, je crois. Je ne me souviens pas d'avoir jamais fait autre chose.»

Au bout de deux heures de marche, Roger commence à se sentir fatigué. Et pourtant, il est conscient de n'avoir visité qu'une infime partie de son entreprise intérieure. Les Japonais, en revanche, semblent infatigables et trottinent avec enthousiasme derrière leur guide, le bombardant de questions d'une exquise politesse. En se basant sur leurs questions et sur les éléments que lui apporte la visite, Roger commence à se faire une image un peu générale de cette entreprise. Et ce qu'il voit le plonge dans la consternation.

L'entreprise est divisée en deux usines et en un centre administratif, il s'agit de la grande villa à l'architecture mussolinienne qu'il a aperçue au fond du parc lors de sa première visite. Chaque usine a une spécialité. Celle de gauche, dont la visite s'éternise, s'occupe de fabriquer, selon les termes de Rog, « des analyses, des principes et des interprétations ». Elle est divisée en quelque deux cents ateliers autonomes, en une architecture biscornue et incompréhensible, comme si l'on avait collé ensemble n'importe comment des bouts d'usine hétérogènes, construits à des époques différentes avec des matériaux divers. La plupart des ateliers n'ont pas de porte de communication avec les ateliers voisins. D'autres ont une fenêtre, mais qui ouvre sur un mur. Certains sont pleins de machines outils vétustes recouvertes de bâches, des équipements auxquels manifestement, personne n'a touché depuis des années. D'autres étalent des machines électroniques dernier cri, des oscilloscopes, des stations de travail informatiques. La plupart des ateliers sont vides, mais parfois, le petit groupe traverse une pièce où une foule de gens entassés s'agitent dans tous les sens, un listing à la main, un téléphone à chaque oreille, hurlant des instructions dans un vacarme épouvantable. Et puis la pièce voisine : vide et silencieuse.

À un moment, Roger a voulu comprendre :

« Pourquoi la plupart des ateliers que nous traversons sont-ils vides ? a-t-il demandé avec perplexité.

Rog a un peu hésité, regardant les Japonais du coin de l'œil.

– Pour vous parler franchement, a-t-il fini par répondre, pas mal de collaborateurs sont en grève, ces temps-ci.

– Mais où se trouvent-ils en ce moment ?

– La plupart du temps, ils participent à des A.G. qui se tiennent dans l'autre usine. »

Questionné plus avant, Rog s'est refermé et est devenu méfiant. Pourquoi toutes ces questions ? Monsieur ne serait-il pas un espion de la concurrence habilement déguisé en Membre de la Direction ?

Quant à cette fameuse usine de droite, pas question d'y mettre les pieds. « Désolé, j'ai des consignes très strictes, a déclaré le jeune guide. Dans l'usine de droite, nous manipulons des substances explosives, radioactives, et hautement inflammables.

– Pouvez-vous au moins nous dire quelles sont ces substances ?

Rog a réfléchi quelques secondes.

– Oui, je peux vous communiquer cette information. Dans l'usine de droite, nous produisons des émotions. »

LE COACH À LA RESCOUSSE

En tout état de cause, et même sans visiter le reste de l'entreprise, le constat semble accablant à Roger. Mais que faire ? Comment essayer d'aider ces gens à fonctionner de façon un peu moins illogique ? Le coach… il aura peut-être une idée. Roger attrape donc son portable mono touche et presse le point d'interrogation.

« *Allô coach ! que dois-je faire dans un cas pareil ?* »

Au bout de quelques secondes de réflexion, la voix du coach répond :

– Cela dépend quel objectif tu veux atteindre.

Roger lève les yeux au ciel. C'est bien la peine d'avoir un GSM magique et un coach tombé du ciel pour s'entendre raconter de telles âneries.

– Je veux aider cette entreprise à se remettre sur ses pieds.

– Ah, dit le coach, intéressant que tu te sentes concerné par le destin des Établissements Roger Sfax. Intéressant, et de bon augure. Alors écoute, pour les aider à se remettre sur leurs pieds, je suggère que tu commences par leur dire qu'ils marchent sur la tête… »

DÉBRIEFING : COMMENT DÉCOUVRIR LES RÈGLES DU JEU DE VOTRE ENTREPRISE INTÉRIEURE

Roger Sfax est tombé dans son entreprise intérieure par hasard. Mais il y revient par choix. Au retour de son premier voyage, il a cherché à rationaliser son expérience en la rangeant sous l'étiquette connue et rassurante du « rêve sans queue ni tête ». Ceci est une figure typique du déni : lorsque quelque chose nous gêne, nous nous arrangeons pour le rendre inoffensif par une interprétation rationnelle, souvent fausse, mais qui nous permet de l'intégrer à notre système de croyances.

Mais dans la crise personnelle qu'il traverse, notre héros a dépassé un point de non retour qui fait que ses tentatives de rationalisation ne tiennent pas le coup bien longtemps. Cette première expérience où il a tourné son regard vers l'intérieur de lui-même a déjà déclenché un processus de changement. Comme il ne va pas tarder à s'en apercevoir…

Pourquoi à son retour dans le monde réel ne s'est-il écoulé aucun temps ?

Lorsque Roger Sfax revient de son entreprise intérieure, où il a passé deux bonnes heures en temps subjectif, il a la surprise de constater que sa tasse de café n'a pas refroidi, et que l'écho de l'essai moteur qui s'élevait lors de son départ, résonne encore. Il s'est à peine écoulé quelques fractions de seconde dans le monde réel. Il s'agit là d'une particularité importante de notre vie intra psychique. À l'intérieur de nous, le temps n'existe pas[1]. Sans se lancer dans une description détaillée de notre appareil cognitif, disons que nos banques mémorielles sont pleines d'images et que ces images sont repérées par des marqueurs qui indiquent : « telle image vient avant telle autre et après telle autre[2] ». Mais à la base, ces stocks d'images coexistent dans un même lieu (notre cerveau) et sous une même forme (des chaînes de neurones aux nombreuses interconnexions). Et à part ce petit marqueur, il n'y a rien dans notre cerveau qui ressemble à de l'écoulement du temps.

C'est pour cette raison que des événements et des traumatismes survenus au cours de notre enfance peuvent encore aujourd'hui influer sur le cours de notre vie et conditionner notre comportement dans telle ou telle circonstance. Ainsi, dans l'entreprise intérieure de Roger Sfax, on voit coexister sans logique ni classement apparents des machines-outils vétustes et des oscilloscopes dernier cri. C'est également ce qui rend possible l'existence, au sein de sa personnalité, de Rog, une version adolescente de lui-même qui subsiste à l'intérieur d'un homme mûr. Notre horloge psychologique est donc bloquée sur un éternel présent. Un présent qui permet à des fantômes disparus depuis longtemps de diriger notre vie et d'influencer notre regard sur les choses. Mais également, qui nous autorise, comme Roger Sfax, à ouvrir la porte rouillée qui mène à nos infinies richesses intérieures, puisque rien n'est mort, ni définitivement enterré.

De petites choses ont déjà bougé

Les portes, attachées par d'épaisses chaînes rouillées, se sont légèrement entrebâillées lors de la deuxième visite. Ceci a pour but de souligner que toute introspection, tout travail sur nous-

1. C'est pour cela que les chapitres qui se déroulent à l'intérieur de Roger Sfax sont tous écrits au présent.
2. Ce qui explique au passage que lorsque ces marqueurs se détériorent sous l'effet de l'âge ou de la maladie, les patients se mettent apparemment à confondre le passé et le présent. En fait, ils ne disposent plus de l'outillage cognitif qui leur permettrait de classer correctement ces images.

mêmes nous modifie et transforme notre perception de nous-mêmes[1].

Toute compréhension de notre propre fonctionnement nous ouvre donc les portes d'une nouvelle liberté d'action dans la vie réelle… à condition de décider de s'en servir pour changer.

Qui est Rog ?

Rog est l'une des multiples sous-personnalités de Roger Sfax. C'est une sous-personnalité modeste, qui ne joue pas vraiment un rôle essentiel dans sa mécanique interne. Il a une fonction de contact avec l'extérieur, qui consiste à accompagner les visiteurs dans certaines parties de l'usine, celles qui sont « montrables ».

Roger Sfax étant un homme plutôt solitaire et renfermé, on peut voir dans cette version plus jeune et plus fragile de lui-même l'adolescent qu'il a été, beaucoup plus ouvert sur les autres. Mais désormais, le rôle dévolu à cette partie de sa personnalité est une fonction subalterne et peu valorisante, ce qui montre à quel point il s'est coupé des autres. Rog ne voit que rarement des membres de la Direction, ce qui signifie que les ponts sont à peu près coupés entre les sous-personnalités qui dirigent cette entreprise intérieure et le jeune homme timide et plein de bonne volonté qu'a été un jour Roger Sfax.

Que fabrique une délégation de Japonais à l'intérieur de Roger Sfax ?

Il est pour le moins étrange de rencontrer une délégation de clients japonais qui visitent l'entreprise intérieure de Roger Sfax. En effet, comme nous l'avons vu précédemment, notre entreprise intérieure est constituée de l'ensemble de nos sous-personnalités, qui sont des parties de nous-mêmes affectées à telle ou telle fonction. Or, à première vue, ces clients japonais

1. En fait, l'ensemble des croyances et des histoires que nous entretenons sur nous-mêmes et qui forment l'image de soi.

semblent venir de l'extérieur, contrairement à Rog qui « appartient » clairement à Roger, dont il est rapidement identifié comme un avatar spécialisé. Mais on a un peu de mal à s'imaginer la fonction intérieure de ces Japonais.

Parmi nos multiples sous-personnalités, certaines sont des représentations d'éléments extérieurs à nous-mêmes, que nous avons fabriquées à partir de notre expérience, heureuse ou malheureuse. Si par exemple, nous avons une peur panique des chiens, on ne trouvera dans notre monde intérieur que des molosses menaçants et sauvages. Car c'est ainsi que nous avons appris à nous représenter les chiens, et cette représentation influe depuis toujours sur notre comportement avec tous les chiens, même les plus affectueux. Il en va de même pour ces Japonais. Ils sont la représentation intériorisée par Roger du regard des autres. Ces autres, que notre héros perçoit comme de parfaits étrangers, impénétrables, et à qui il ne faut donner accès qu'à des zones de lui-même soigneusement sélectionnées, et sans danger… afin de ne pas se rendre vulnérable. Ainsi, chez cet homme à l'affectivité soigneusement canalisée, tous les secteurs qui risqueraient d'exposer la sensibilité et les émotions restent soigneusement verrouillés aux autres… et pour l'instant à lui-même.

Ce filtre des représentations conditionne totalement notre perception du monde qui n'est jamais neutre et objective, puisque bâtie sur des expériences rarement remises en cause. C'est lui qui nous condamne à vivre dans ce que Platon appelait la caverne, et à désigner par le concept de « réalité » l'image approximative du réel constituée par les ombres qui dansent sur le mur, découpées et déformées par l'éclairage indirect de notre subjectivité.

Pourquoi deux usines et un centre de contrôle ?

Il s'agit d'une métaphore très simplifiée de l'organisation de notre cerveau : deux hémisphères spécialisés et un poste de direction qui reçoit des informations sur la réalité à partir de ces périphériques que sont nos cinq sens, les analyse, les interprète et en déduit des stratégies de comportement décomposées en plans d'action. Ce mécanisme est à l'œuvre aussi bien dans la réalisation d'objectifs ambitieux et complexes, tels que changer de job, que dans la gestion de processus très simples comme aller se servir un verre d'eau à la cuisine.

Mais là où ça se complique, c'est que notre cerveau n'est pas un produit fini, un ordinateur flambant neuf sorti tout droit des chaînes de fabrication de la firme Homo Sapiens S.A. équipé de toutes les options. À l'instar de Windows, notre système d'exploitation est le résultat de couches superposées de bricolages et de rajouts successifs opérés au fil des 5 ou 6 derniers millions d'années de notre évolution.

Ainsi, le modèle de base, le cerveau reptilien, équipait comme son nom l'indique les grands reptiles et fonctionnait uniquement sur le registre de la survie, en produisant des comportements simples de fuite – combat – reproduction. Plus tard, chez les mammifères, on a vu apparaître une version 2.0, se développant autour de la fonction olfactive et permettant d'implémenter une nouvelle batterie de logiciels, révolutionnaires pour l'époque : les émotions. Allant de pair avec l'accroissement de la mémoire, les émotions représentaient en termes de survie, un avantage concurrentiel considérable pour les possesseurs de cette nouvelle machine, robuste et rapide.

L'étape suivante a consisté à rajouter sur cette base un nouveau processeur encore plus révolutionnaire : le néocortex. Situé en majeure partie sur la couche périphérique du cerveau (là où il restait de la place, et au prix d'un accroissement du boîtier crânien), le néocortex a doté l'espèce d'un merveilleux système expert, capable d'accéder à la dimension symbolique, de composer des cantates, de résoudre des équations, de piloter un avion, de retrouver ses clés de voiture et d'une façon plus générale de se programmer lui-même pour faire évoluer ses stratégies en fonction des informations perçues sur l'état de l'environnement. Ceci fait de notre cerveau l'entreprise à produire des stratégies la plus performante qui existe… si l'on passe sur quelques petits problèmes de fonctionnement.

Le principal est lié à la coexistence des trois processeurs dans le même espace :

- ✓ un processeur instinctif qui ne traite l'information qu'en termes d'ami – ennemi, attaquer – fuir, manger – pas comestible, etc.
- ✓ un processeur émotionnel, agissant directement sur notre corps par production d'hormones, et qui nous surexcite, nous paralyse, nous fait rougir, trembler ou nous évanouir,
- ✓ un processeur rationnel qui analyse, décortique, soupèse, identifie et élabore des décisions logiques. Le hic, c'est que ce dernier processeur est lent, très lent, réagissant en secondes alors que le temps de réponse de l'émotion est de quelques millisecondes. C'est ainsi que l'on se retrouve en train de hurler après l'agent de comptoir d'Air France avant même d'avoir pu réfléchir et réaliser que ce n'est pas de sa faute si les bagagistes font la grève.

Savoir piloter son entreprise intérieure, c'est donc parvenir à gérer harmonieusement les rapports entre des centres de production organisés différemment, qui obéissent à des logiques contradictoires et conflictuelles, nous inspirant des comportements qui vont à l'encontre de toute logique. Il y a du pain sur la planche !

L'usine de gauche

L'abondance d'oscilloscopes, d'ordinateurs et d'appareils de mesure montre qu'à l'instar de notre hémisphère gauche, l'usine de gauche de notre entreprise intérieure, fabrique « des analyses, des principes et des interprétations ». Malheureusement, dans la tête de Roger Sfax, la pensée est tout sauf rationnelle. Certains de ses mécanismes psychologiques sont si anciens qu'ils apparaissent sous la forme de vieux bureaux pleins de poussière et de toiles d'araignée. Certaines de ses croyances sont si inutiles qu'elles se traduisent par des bureaux vides, occupant vainement une place précieuse qui serait bien utile aux équipes entassées dans la pièce d'à côté. En outre, les différents compartiments de ses raisonnements ne communiquent pas entre eux. Cette usine n'obéit à aucun plan d'ensemble : c'est un entassement de bureaux construits au fil du temps et des circonstances, dont certains sont devenus inutiles à l'instar de certaines de nos croyances, mais qui, jamais examinés ni remis en question, voient leurs portes et leurs fenêtres ouvrir sur des murs. De même, le fait de devoir effectuer un trajet compliqué, qui passe même parfois par l'extérieur du bâtiment, pour joindre deux bureaux adjacents montre que des raisonnements biscornus nous sont parfois nécessaires pour résoudre des problèmes simples. Nos habitudes de réflexion nous piègent en nous empêchant de prendre de la distance.

Aucun schéma d'ensemble, un empilement anarchique de croyances jamais remises en question, tel est l'état de l'usine à penser de Roger Sfax lors de sa première visite.

L'usine de droite

On n'y entre pas. Ainsi, la plupart d'entre nous barricadent jalousement leurs émotions et s'en protègent. Notre éducation ne valorise pas l'accueil et le partage des émotions. Dans l'entreprise, l'émotion n'a pas droit de cité ; elle est apparemment bannie[1]. Notamment, pour la plupart des managers et des dirigeants, laisser paraître ses émotions, perdre son contrôle, ne pas être maître de soi, passe pour un grave défaut. Notre système éducatif nous apprend à développer démesurément notre usine de gauche, c'est-à-dire notre aptitude à réfléchir rationnellement, à calculer, raisonner, conceptualiser, et laisse en friche notre capacité à ressentir nos propres émotions et celles des autres, les enfermant dans une usine de droite interdite au public et à nous-même. Dans notre éducation, on nous apprend à nous méfier des émotions et à les considérer comme des matières dangereuses, dont l'explosion est susceptible de faire voler en éclats l'image sociale valorisante patiemment construite que nous présentons aux autres. Ne jamais aller faire un tour dans notre usine à émotions. Trop risqué. Ne pas regarder ce qui s'y passe. Quitte à laisser les syndicats y prendre le pouvoir, déclenchant des grèves qui paralysent l'ensemble de l'entreprise.

---

1. Mais sortant par la porte, elle rentre sans cesse par la fenêtre ce qui fait que, sous des dehors et des discours rationnels, il n'y a pas de lieu plus émotionnel que l'entreprise.

Car il ne faut pas s'y tromper, chez la plupart d'entre nous, managers ou non, c'est l'usine à émotions qui a le pouvoir. Même si elle a habilement mis l'autre usine à son service pour fabriquer des rationalisations sur mesure, bien confortables, visant à justifier les comportements que nous inspirent les coulées d'émotion incandescente que produit en permanence notre haut fourneau intérieur. La fabrique d'émotions est capable soit de paralyser l'ensemble de l'entreprise, soit de la rendre invincible et de lui apporter une réussite extraordinaire.

Chez Roger Sfax, cette usine est complètement bloquée. Il n'est même pas possible d'y jeter un coup d'œil. Pourtant, le chemin de la reconquête passe nécessairement par une réconciliation avec ses émotions et un redémarrage de l'usine de droite. Mais comment s'y prendre pour se faire ouvrir les portes ?

Exercices

Chez vous, les deux usines sont-elles bien équilibrées ou l'une d'entre elles semble -t-elle diriger l'autre ?

Quelle pourrait être l'organisation de votre Centre d'Études ? Quel genre de personne y travaillerait ?

Quelles sont les parties de votre entreprise intérieure fermées au public ? Et dans les autres, quel style de visite est organisé ?

Votre usine à émotions : y allez-vous souvent ? A quand remonte votre dernière visite ? Qu'avez-vous pu y constater ?

Quelle est la spécialité de votre usine à émotions, c'est-à-dire l'émotion que vous fabriquez le plus souvent ?

Et sa ligne en panne (l'émotion que vous ne ressentez jamais) ?

3

ROGER SFAX SE FAIT EXPULSER DE SA PROPRE ENTREPRISE INTÉRIEURE

LORS DE SA PREMIÈRE VISITE, il l'avait à peine aperçue. Les deux usines occupaient le premier plan et accaparaient toute son attention. À présent, le voilà devant la porte de ce qui lui était apparu au départ comme une sorte de villa mussolinienne. Cette fois-ci, le trajet depuis le Centre de Communications avec l'Intérieur a passé comme un éclair. Plus il revient dans cette réalité interne, plus il lui devient facile de se déplacer en lui-même. La présence des miradors et des gardes armés qui l'avaient obsédé lors de ses premières visites n'est plus qu'une toile de fond de son décor intime. Il a maintenant le sentiment de bénéficier d'une sorte de sauf-conduit qui rend sa présence sinon naturelle, du moins tolérable.

La première fois, il avait qualifié cette architecture de mussolinienne car elle lui semblait dégager, par ses lignes massives et imposantes, une sorte de solennité brutale et obtuse. Le bâtiment semble construit pour exprimer une domination orgueilleuse et inquiète, fermé par une porte blindée à laquelle conduit une volée de marches de marbre, les fenêtres petites et closes d'épais barreaux, des guérites aux bouches d'ombre coupant toute possibilité d'accès. Au-dessus de la porte, solidement fixée par des chaînes, pend une plaque de marbre où sont gravés en lettres d'or d'un mètre de haut les mots : CONTRÔLE CENTRAL – « JAMAIS NE DOIS FAIBLIR NI PLIER »

« Ah, ne jamais faiblir ! » soupire Roger. Voilà qui résume bien sa ligne de conduite.

À présent qu'il la regarde mieux, cette construction lui apparaît comme un collage anarchique de morceaux de bâtiment, une cacophonie architecturale construite au fil du temps, en fonction des besoins, comme si les bâtisseurs avaient dû agrandir le pavillon initial en catastrophe et, sous le coup de l'urgence, rajouté un morceau de préfabriqué par ici, un morceau de château XVIIIe par là, sous l'inspiration du moment. Le corps principal du bâtiment à la longue et prétentieuse façade ocre est surmonté de clochetons de bois dans le style art déco des vieilles stations balnéaires de la cote atlantique. Maintenant qu'il y réfléchit, Roger réalise que ce toit ressemble beaucoup à celui de la villa où il passait ses vacances, près d'Arcachon. Et l'aile gauche avec ses portes-fenêtres à petits carreaux, au vernis tout écaillé, ne dirait-on pas un bout de la maison que son père a bâtie de ses mains sur un bout de campagne du Médoc ? Sans parler de ces guérites qui, en fait, sont exactement les mêmes que celles de la base Aérienne 709 de Cognac, où il a effectué son service militaire. Chacun de ces éléments lui semble copié sur une partie de ses souvenirs.

Alors qu'il s'avance vers l'entrée, un garde sort de sa guérite et lui barre le chemin. Il porte une tenue de décontamination antinucléaire et son visage est entièrement caché par une verrière réfléchissante.

« On ne passe pas, dit le garde en braquant sur lui une sorte de nettoyeur à haute pression, relié par des câbles électriques à un générateur qu'il porte sur le dos.

– Laisser moi entrer. Je suis Roger Sfax. Je suis le, euh… propriétaire de ce monde. Je dois voir d'urgence les dirigeants de cette entreprise.

– Nous savons très bien qui vous êtes, répond le garde sans bouger d'un pouce. Vous n'êtes pas le propriétaire de cette firme, ni même un actionnaire. Vous êtes un agent de contamination venu du Dehors.

Il presse un bouton à l'intérieur de son poignet et parle à voix basse dans un micro :

– Danger de contamination niveau 2 par un agent de l'Extérieur, alerte orange, protocole C.

Aussitôt, au pied du bâtiment, coulissent sans un bruit des rideaux d'acier et une trentaine de gardes rigoureusement identiques, avec eux aussi des combinaisons stériles blanches et des visières miroirs, sortent en silence et braquent sur Roger des armes semblables à celle du premier garde.

– Protocole C, article premier, récite celui-ci. Tout agent de contamination doit être éliminé car il représente une potentialité d'affaiblissement pour l'ensemble de l'entreprise. Veuillez quitter ce site sous peine de destruction immédiate.

– Attendez, proteste Roger. Mais c'est fou, ça ! Cette entreprise, ces bâtiments, même vous, tout ceci fait partie de mon esprit. Vous ne pouvez pas me détruire, parce que vous êtes une partie de moi-même.

Le garde reste silencieux quelques secondes, la tête penchée, comme s'il assimilait ces informations. Puis il reprend son micro :

– Nous passons en alerte rouge de niveau 1. Élimination de l'intrus dans trente secondes.

– Écoutez, s'énerve Roger. Je ne sais pas où sont vos dirigeants, mais croyez-moi, ils ne doivent pas descendre très souvent dans les ateliers. Cette entreprise marche sur la tête. Le véritable danger, ce n'est pas moi. C'est l'accumulation de dysfonctionnements absurdes qui sont en train de vous envoyer dans le mur. Allez immédiatement informer un responsable de ma présence !

– Ne vous inquiétez pas, nos responsables sont parfaitement au courant de votre présence. Élimination dans vingt secondes. »

Le coach raconte une petite histoire

Roger pianote fébrilement sur son téléphone portable.

« Coach, je suis dans une situation critique ! Ils me prennent pour un corps étranger et ils veulent me détruire.

Au bout du fil, la voix du coach est toujours aussi calme, avec un sourire tapi dans ses inflexions.

– Je vais te raconter une petite histoire, dit-il.

– Nooon ! Pas de petite histoire ! Des solutions concrètes et efficaces, immédiatement opérationnelles !

– C'est l'histoire d'une dame qui tous les dimanches, sert un rôti de bœuf pour le déjeuner…

– Je m'en fiche. Aide-moi !

– Ne m'interromps pas. Je t'aide. Un jour, son mari lui demande : "Pourquoi coupes-tu toujours le rôti en deux parties pour le faire cuire ?"

– Élimination de l'intrus dans quinze secondes, annonce le garde.

Imperturbablement, le coach continue son récit :

– "Je ne sais pas, répond la femme après un instant de réflexion, en fait, je crois bien que j'ai toujours vu ma mère procéder ainsi ."

Roger lève les yeux au ciel. À quoi sert donc un coach si dans les moments de crise, il n'est capable que de radoter sur des histoires de rôti ?

– Le dimanche suivant, ils vont déjeuner chez la mère de la dame et lui posent la question. La vieille dame se gratte la tête et leur répond qu'elle a toujours vu sa propre mère procéder de la sorte.

– Élimination dans cinq secondes.

Dans un même mouvement, trente buses de décontamination aux yeux de métal se braquent sur Roger.

– Coach, peuvent-ils m'atteindre me faire du mal alors que tout ceci n'existe que dans ma tête ? Réponds au moins à cette question…

– Le Noël suivant, toute la famille est réunie chez la vieille arrière-grand-mère et la question du rôti vient sur le tapis. Alors elle dit : "Oui, bien sûr que je sais !" Elle se lève et part fourrager au fond de son placard. Elle finit par revenir, brandissant triomphalement un petit plat à rôti en fonte. "J'étais toujours obligée de le couper en deux, dit-elle. Notre plat était trop petit et nous n'avions pas d'argent pour en acheter un neuf !"

– Trois, deux, un, zéro, FEU, dit le garde. »

Une brume argentée sort des fusils et se répand sur le paysage, aveuglant Roger. Tout à sa colère contre cet imbécile de coach et ses histoires de rôti, celui-ci ne se rend même pas compte qu'…

Roger était brutalement de retour dans son bureau de la SOFERBA. En face de lui, l'écran de son ordinateur affichait : « Erreur système »

Il pianota comme un fou mais ne parvint qu'à obtenir le message suivant : « Un virus inconnu a contaminé votre disque dur, provoquant un arrêt inopiné du système. Souhaitez-vous adresser un rapport d'erreur à Microsoft ? »

Au bout de ressources, il finit par éteindre la machine en la débranchant, puis se frotta les yeux, but une gorgée de café, et passa sur la coursive pour se dégourdir les jambes. Il contempla sans le voir réellement l'atelier de la Maintenance qui étendait à ses pieds son industrieuse vitalité métallique. Comment interpréter ce qui venait de lui arriver ? Pour la première fois, le spectacle du grand poumon d'acier de la SOFERBA qui battait et respirait sans lui ne lui serra pas le cœur. Il avait le regard tourné vers l'intérieur, et commençait à comprendre que c'est là que se passent les choses vraiment importantes.

DÉBRIEFING : QU'EST-CE QUE JE FAIS QUAND MON UNIVERS CHANGE ? COMMENT EST-CE QUE JE RÉAGIS ? CELA ME PLAÎT-IL OU PAS DU TOUT ?

Essayons d'aider Roger Sfax à comprendre ce qui s'est passé lorsqu'il a tenté de rentrer en contact avec les dirigeants de son entreprise intérieure afin de les informer des graves dysfonctionnements qu'il avait pu observer lors de sa visite de l'usine.

Le but de ce chapitre est en effet de montrer de quelle façon nous réagissons à la prise de conscience du fait que quelque chose ne va pas dans notre vie : nous commençons par refuser.

Autre point, le manque d'écoute de soi-même. Les dirigeants de l'entreprise intérieure ne savent plus ce qui se passe dans les ateliers. Comme certains dirigeants du monde réel, ils ont perdu le contact avec le terrain. Et Roger Sfax a perdu le contact avec lui-même depuis si longtemps que sa première tentative de renouer une relation se solde par un échec retentissant : la partie de sa personnalité dont la fonction est de se protéger contre les menaces extérieures (les gardes) rejette violemment ce contact.

Ces deux phénomènes sont normaux et classiques. Nous n'aimons pas nous remettre en cause. Le fait d'entendre intérieurement que quelque chose cloche dans notre vie nous confronte immédiatement à la question de changer : un processus douloureux et compliqué.

Pourtant, ces résistances et ces défenses ne sont pas inutiles. Nous devons pour partie notre survie à notre méfiance envers le changement. Pourquoi ne nous mettons-nous pas brusquement à manger des cailloux ou à traverser l'autoroute en courant ? Parce que nous avons intégré des comportements de sécurité qui constituent des stratégies efficaces pour échapper aux dangers… ou en tout cas aux dangers qui nous menaçaient à l'époque où nos éducateurs nous ont inculqué ces comportements.

Changer, c'est donc abandonner des habitudes du passé qui durent parfois depuis des années, et qui tout bien considéré, n'ont pas si mal marché que ça. C'est faire un deuil : celui de ses anciennes façons de faire. Cesser d'être ce que l'on était avant même d'être devenu ce que l'on sera. Le changement est cet entre-deux, cet inconfortable no man's land où il faut lâcher ses anciens repères sans savoir ce que l'on trouvera par la suite ni si le jeu en valait la chandelle. Et comme tout deuil, ce changement provoque différentes réactions de défense dont la plus courante est le déni, dont nous avons déjà parlé au chapitre 2. Il s'agit d'une résistance de notre psychisme visant à se protéger d'une information dérangeante en refusant purement et simplement de la laisser rentrer[1]. Ainsi, des personnes licenciées se retrouvent-elles en train en train de prendre leur ancienne ligne de métro pour aller travailler, « en pilotage automatique », pourrait-on dire. Modifier tous les compartiments de notre train comportemental pour les mettre en conformité avec une information venue de la locomotive prend du temps et de l'énergie. Cette modification entraîne de vives réactions émotionnelles, déclenchées par la réminiscence de semblables situations de changement dans notre histoire personnelle. Changer n'a rien d'évident, même si les critères de management modernes font la part belle à la capacité du cadre à s'adapter en permanence à un environnement qui bouge. Dans la plupart des entreprises on valorise ce caméléon et on stigmatise celui qui rencontre des difficultés.

Pourtant, changer, progresser, évoluer, c'est ce que nous faisons depuis notre naissance. Changer : abandonner la sécurité du ventre maternel pour se risquer à l'extérieur. Changer : arrêter l'alimentation au sein pour oser expérimenter de nouvelles saveurs. Changer : décider de se mettre debout et de poser un pied devant l'autre au lieu de marcher à quatre pattes. Tous ces changements et bien d'autres encore ont été accueillis ou ridiculisés, accompagnés ou sabotés, aidés ou dévalorisés par nos premiers « clients », notre famille.

Roger Sfax et le changement

Pour notre héros, par exemple, le changement est perçu comme quelque chose de toxique et de dangereux. Sa personnalité s'est construite comme un édifice hyper protégé par des barbelés, des miradors et des vigiles. Toute tentative pour remettre en cause l'existant est vécue comme une maladie qui risque de contaminer toute l'organisation et de la détruire. Des agents de défense sont donc mobilisés par le système qui défend son mode de fonctionnement habituel, même si celui-ci est peu efficace. Chez Roger Sfax, ces défenses psychologiques prennent la forme de gardes revêtus de tenues anticontamination. Le verre miroir des visières reflète… le

1. « C'est pas vrai ! C'est pas possible !», nous exclamons-nous de prime abord lorsqu'on nous annonce une mauvaise nouvelle.

propre visage de Roger Sfax, tant il est vrai que nous sommes nous-mêmes notre principale entrave au changement.

Pourquoi cette villa au fond du parc ?

Revenons un instant sur le poste de contrôle de cette usine intérieure. Nous avons vu au chapitre précédent que notre cerveau, dans un modèle très simplifié de son fonctionnement, est composé d'une partie rationnelle et d'une partie émotionnelle, coordonnées (à grand-peine) par une instance de contrôle située dans le néocortex. Ce poste de commandement est lui-même un patchwork anarchique et contradictoire de croyances et d'injonctions issues de l'enfance. Avant que nous n'en ayons fait l'audit, et décidé consciemment d'une stratégie rationnelle pour développer notre entreprise intérieure, elle est souvent gérée de façon illogique et contre-performante. Ce qui ne veut pas dire que cette entreprise n'a pas de stratégie. Le plus souvent inconsciente, celle-ci tient en deux ou trois phrases que l'on pourrait appeler notre devise. C'est elle qui brille au fronton de notre poste de commande, comparable à celle de Roger Sfax : « jamais ne dois faiblir ou plier ». Une telle devise impose des limites drastiques à l'individu, qui est obligé de renier toutes les parties fragiles de sa personnalité, et de dépenser une énergie folle à repousser des signaux vitaux de son environnement et de son organisme.

Qu'est-ce que c'est que cette histoire de rôti ?

À l'image des vigiles en combinaison stérile, les défenses psychologiques que nous avons mises en place vont donc détruire toute information risquant de bousculer la cohérence de notre système.

Ceci aboutit à ne pas entendre les signaux faibles annonçant à l'avance un risque de licenciement, d'échec, de divorce… et à prendre cet événement de plein fouet sans l'avoir vu venir.

Dès lors, comment passer le barrage ?

C'est la question que Roger Sfax, mis en joue par les gardes, pose au coach. Celui-ci lui répond par une parabole qui n'a apparemment rien à voir avec la situation. Il n'existe pas de solutions ou d'interprétations toutes faites aux paraboles, puisque chacun peut en retirer une vision différente en fonction de son point de vue personnel.

L'histoire du rôti, néanmoins, parle de la façon dont se créent nos comportements et nos attitudes. Au départ, à un endroit, si l'on cherche bien, on trouve toujours une cohérence économique à un comportement donné.

Ce comportement, à une certaine époque et dans un certain contexte, constituait une stratégie de réponse adaptée.

Mais peu à peu, ce comportement est devenu automatique et a perdu son historicité ; il s'est détaché de son objectif. N'étant jamais remis en cause faute d'un œil extérieur pour poser la question, il devient une croyance intangible. Et des générations plus tard, ce comportement est encore adopté dans la famille sans que personne ne sache plus à quoi cette façon d'agir correspond. Elle est devenue automatique.

De la même façon, l'usine est en pilotage automatique : les vigiles tirent à vue sur tout ce qui risquerait de poser problème. Ce que suggère le coach à Roger Sfax, c'est peut-être de désamorcer les fusils des gardes, non pas par une tactique de combat, ou une recette de négociation, mais en recherchant en lui-même ce qui a bien pu armer leur bras et leur donner l'ordre de détruire le messager de la réalité.

Exercices

Et vous, quelle est votre interprétation de l'histoire du rôti ? Cherchez un exemple de ce type dans votre propre famille.

Existe-t-il chez vous des croyances ou des habitudes qui pourraient s'opposer au changement ?

Quelle pourrait être votre devise personnelle ? Quelques exemples de devises : sois gentil avec tout le monde, dépêche-toi tout le temps, sois exceptionnel, ne te fais jamais remarquer, ne sois jamais content de toi, sois responsable des autres, etc.

Dans votre enfance, si vous en avez le souvenir, comment le fait de changer vous était-il présenté par vos parents ?

Êtes-vous plutôt du genre « un tiens vaut mieux que deux tu l'auras » ou « la fortune sourit aux audacieux » ?

4

ROGER SFAX COMMENCE À MARQUER DES POINTS

PENDANT PLUSIEURS JOURS, Roger Sfax n'avait pas pu revenir dans son entreprise intérieure. Il était resté alité avec une forte fièvre, lui qui se targuait de n'être jamais malade. Un premier médecin consulté avait diagnostiqué « un problème viral » et prescrit des antibiotiques, totalement inefficaces. Un second, au vu d'une batterie d'analyses, avait parlé de « réaction auto-immune idiopathique », expliquant qu'une partie de son système immunitaire s'était mise à lutter contre ses propres cellules. « Idiopathique » signifiait, en langage médical, qu'on ne savait pas pourquoi. Il dormait mal et faisait des cauchemars, se réveillant aux petites heures, allant regarder la télé d'un œil vague en zappant machinalement. Une nuit, il était tombé sur un documentaire aéronautique où l'un des membres de l'équipage qui avait largué la bombe de Nagasaki racontait comment, arrivé en vue de la cible et pratiquement à court de carburant, le pilote avait ordonné de larguer « fat man » un peu en catastrophe, ce qui avait permis à l'équipage de rentrer à la base sain et sauf. « Un grand bonhomme et un vrai patriote, ce pilote ! » concluait l'aviateur retraité, devenu un vieillard américain aux cheveux bleus, levant une main ridée et tavelée de taches brunes. « *Il y a quelque chose qui cloche* », se disait Roger avec un sentiment de malaise, sans parvenir à savoir quoi. Rien ne l'agaçait plus que de sentir que quelque chose lui échappait.

Il ne téléphonait même plus à la SOFERBA, persuadé que son absence passait totalement inaperçue et qu'il s'entendrait répondre : « Ah bon ? Vous ne venez plus travailler depuis quatre jours ? Eh bien merci de nous le signaler car en fait, personne ne s'en était rendu compte… »

Seul le Directeur Informatique, Jean-Louis Le Braz, resté un ami dans la tourmente, lui passa un coup de fil pour prendre de ses nouvelles. Il en profita pour l'informer que son ordinateur avait été réparé. « Un problème de virus, apparemment, mais ça a pris plusieurs jours car ni McAfee, ni Norton ne l'avaient dans leurs bases de données. »

C'est donc avec un tout petit moral et encore affaibli qu'il reprit le chemin du travail. Sur son bureau, dans la bannette « à traiter », la pile du courrier reçu pendant son absence était ridiculement mince. Essentiellement des publicités et des notes de service à diffusion générale. Sa boîte de réception de messages électroniques n'était pas beaucoup plus chargée. Le monde lui semblait avoir brusquement accéléré autour de lui. Il n'était plus synchronisé au temps des autres, devenu invisible, il faisait du surplace.

Il essaya plusieurs fois de se connecter sur son site, mais à chaque fois, sa tentative faisait planter le système d'exploitation. Et puis le troisième jour, alors qu'il avait commencé à se persuader que tout ceci n'avait jamais existé…

QUAND LES GARDES DE LA VIEILLE GARDE SE METTENT À RÉFLÉCHIR

Une dizaine de gardes en combinaison de décontamination orange vif se tiennent en cercle et frappent en cadence à coups de matraque sur un corps situé au centre de leur cercle. Hormis la couleur de leur combinaison, ils sont parfaitement identiques à ceux qui protégeaient le poste de contrôle, une rencontre dont Roger conserve un souvenir cuisant.

Apparemment, aucun de ces gardes oranges ne s'est rendu compte de sa présence, tant ils sont occupés à lever et à abaisser rythmiquement leurs matraques dans un silence troublé uniquement par le bruit mou des impacts. Qui est en train de subir ce passage à tabac en règle ? Quelle faute a-t-il commise, quelle menace représente -t-il, pour justifier un tel traitement ?

Sans réfléchir, Roger s'avance vers les gardes et lève la main droite :

« Assez ! ordonne -t-il d'une voix autoritaire.

Les matraques s'immobilisent et les vigiles lèvent lentement vers lui le verre miroir de leurs visières opaques. Certains saisissent leur canon de décontamination et le tournent vers lui, mais hésitants, le rabaissent aussitôt, comme s'ils ne savaient pas quelle conduite adopter. Un comportement étrange, se dit Roger qui s'attendait à servir à nouveau de cible.

– Qui est le responsable de ce groupe ? demande -t-il.

Parfaitement identique à ses collègues, l'un des gardes se détache du groupe. Sa démarche est lente, incertaine. La voix impersonnelle filtre à travers un haut-parleur dissimulé dans son casque :

– Votre présence n'est pas prévue. Je dois demander des instructions.

La forme étendue au sol pousse un gémissement, tente de se relever, puis retombe.

– Pourquoi frappez-vous cet homme ? demande Roger en désignant le corps inanimé.

– C'est notre fonction dans l'entreprise : combattre l'ennemi. Cet homme est un ennemi. Nous le combattons.

– Qui vous a confié cette mission ?

– Je ne sais pas, répond le garde après un silence embarrassé. Ce sont les ordres, voilà tout. Il y a très longtemps que nous poursuivons les ennemis de la firme. Lorsque nous en attrapons un, nous le frappons. Mais ces coups ont une visée pédagogique : ils sont destinés à le faire rentrer dans le droit chemin.

– Qu'est-ce qui fait de cet homme un ennemi ?

Nouveau silence embarrassé.

– Qu'a-t-il fait de répréhensible ? insiste Roger. A-t-il contrevenu à un règlement ? Aurait-il vendu des secrets à la concurrence ?

Aucune réponse. Au bout de plusieurs secondes, un autre garde s'avance et pose la main sur le bras du « chef » :

– Nous devons demander des instructions. Cette situation n'est pas prévue. Il nous faut des consignes.

– Eh bien demandez-les, vos instructions, nom d'un chien ! dit Roger.

– C'est que… reprend le premier garde, nos communications avec le poste de contrôle ne fonctionnent plus…

– … depuis assez longtemps, en fait, complète le second garde.

– Je vous le dis depuis des années, intervient un troisième vigile, c'est sûrement notre système de radio qui est tombé en panne.

– Moi, je pense plutôt que le poste de contrôle n'a pas de nouvelles instructions à nous donner parce que nous faisons parfaitement notre travail ! le contredit un quatrième.

– Quelqu'un se souvient-il de la dernière fois que nous avons été en contact avec le PC ? demande une voix.

Les gardes se dandinent avec embarras. Manifestement, si cette époque a existé, c'était dans un passé très lointain.

– Je vais vous en donner une, moi, d'instruction, dit Roger en croisant les bras. Enlevez vos casques.

– IMPOSSIBLE ! répondent d'une même voix plusieurs des gardes.

– L'air est contaminé dans cette zone, explique l'un d'eux. Nous serions immédiatement empoisonnés.

Roger se gratte la tête.

– Comment expliquez-vous, à ce moment-là, que je puisse respirer sans m'asphyxier ? Puis avec un petit sourire, il ajoute :

– En tout cas, le fait que vous gardiez vos casques est bien la preuve que vous pouvez refuser d'obéir, si un ordre vous semble stupide ou dangereux…

Nouveau conciliabule parmi les gardes. Certains font valoir le fait que Roger n'a pas qualité pour leur donner des ordres.

D'autres répondent que, personne ne leur ayant donné d'instructions depuis une longue période, on ne peut plus savoir avec certitude qui est habilité ou non à commander. Puis l'un d'entre eux relève sa visière avec hésitation. Roger voit apparaître un visage parfaitement identique au sien, à l'exception des cheveux qui sont rasés. Puis un second visage. Il trouve ça beau, ces visières qui donnent naissance à des visages. À présent, ils enlèvent tous leurs casques, l'air ébahi de pouvoir respirer. Ils se congratulent, se tapent dans le dos, entourent Roger. Ils n'en reviennent pas.

– Quelles sont les nouvelles instructions, Monsieur ? demande le premier qui a ôté son casque.

Un peu secoué d'être entouré d'une troupe d'hommes au crâne rasé qui lui ressemblent tous comme des jumeaux, Roger essaie de réfléchir rapidement.

– Dorénavant, annonce -t-il, vous serez libres d'enlever vos casques et vos combinaisons lorsque vous n'êtes pas en mission.

Timides applaudissements dans la troupe.

– En second lieu, reprend Roger, encouragé par ce succès, vous déterminerez sur des critères objectifs quel individu représente réellement une menace pour la vie de l'entreprise avant de le « rééduquer ».

Un tollé de protestations accueille cette consigne.

– Nous n'y arriverons jamais !

– Nous avons besoin d'instructions précises !

– Il nous faut un chef ! Restez avec nous, Monsieur. Soyez notre Capitaine. Nous vous prêterons un uniforme et tout le matériel.

Roger pose sa main sur l'épaule du garde.

– Merci de cette proposition. Je suis très touché. Mais je ne peux pas devenir l'un d'entre vous. Il faut que j'aille à la rencontre de la Direction. Rentrez dans vos quartiers, à présent. Et souvenez-vous : uniquement des critères objectifs.

Les vigiles disparaissent en file indienne par une petite porte sur le côté du bâtiment. Alors que Roger se dirige vers l'homme étendu par terre, qui a commencé à reprendre conscience et a assisté à la dernière partie de la scène, le portable vibre sur sa hanche. Il décroche et la voix du coach retentit à son oreille :

– Pas mal, Roger Sfax. Je dirais même : prometteur… »

DÉBRIEFING : SE LIBÉRER DES COMPORTEMENTS AUTOMATIQUES QUI NOUS EMPRISONNENT

La première incursion dans notre univers intérieur est un véritable choc. Le fait d'entrer en contact avec soi-même n'est pas anodin, dans de nombreuses cultures et traditions, il s'agit d'un moment initiatique, au sens étymologique du terme, puisque *initiation* vient de « in » et « ire », qui signifie aller à l'intérieur. La complexité et la violence de notre univers intérieur viennent bousculer le système de croyances bien confortables sur nous-mêmes dans lequel nous nous étions installés.

Ce voyage intérieur est une expérience d'autant plus éprouvante pour Roger Sfax que son éducation a appris à se méfier de tout le « baratin psy », et qui se garde bien de toute introspection psychologique, synonyme de laisser-aller et d'auto-apitoiement. Découvrir que les réalités ne sont pas toujours toutes blanches ou toutes noires et que nos croyances sont un boulet qui nous empêche d'avancer n'est pas un cheminement de tout repos !

Ceci ne va pas sans réactions. Ainsi, les phénomènes intérieurs trouvent leur écho à travers notre corps. Roger Sfax tombe malade au moment où dans son entreprise intérieure, un mécanisme de défense inconscient, représenté par les vigiles, se met en place et se bloque pour l'empêcher de développer une véritable conscience de soi. La médecine reconnaît aujourd'hui que la plupart des maladies que nous attrapons ont au moins une composante psychosomatique. Pourquoi sommes-nous réceptifs à un virus à tel moment particulier de fatigue ou de contrariété, alors que nous sommes en permanence entourés de virus, contre lesquels nous nous défendons efficacement lorsque nous allons bien ? Les maladies auto-immunes, notamment, sont un vecteur privilégié de l'expression de conflits intérieurs ou vécus dans notre entourage. Tant que nous n'en sommes pas conscients et que nous ne pouvons pas les mettre en mots, nos problèmes s'expriment par la voie biologique. À l'inverse, dès que nous commençons à les traiter et à nous regarder nous-même en face avec bienveillance, ils ont moins besoin d'attirer notre attention en tirant des sonnettes d'alarme dans notre corps.

Dans ce chapitre, Roger Sfax arrive directement sur le théâtre des opérations ; il n'a plus besoin de passer par la case des échanges intérieurs et de refaire tout le trajet à pied. Au fur et à mesure qu'il acquiert une meilleure familiarité avec son entreprise intérieure, il s'y oriente et s'y déplace de façon plus fluide. Chacun d'entre nous peut expérimenter que l'introspection est cumulative, comme si les nouvelles connaissances que nous acquerrons sur nous-mêmes se multipliaient entre elles au lieu de s'additionner, ouvrant la porte vers de nouvelles arborescences toujours plus riches.

Cette scène avec les vigiles est une métaphore d'une importante réalité psychologique : des parties de notre personnalité ont complètement échappé à notre contrôle et reproduisent des comportements automatiques sans jamais remettre en question leur bien-fondé.

Pour avoir un exemple de ce qu'est une chaîne de comportement automatisée, vous pouvez considérer la façon dont vous faites votre toilette le matin. Commencez-vous par vous brosser les dents ? Ou par vous raser ? Sous votre douche, vous lavez-vous le visage en premier ? Ou les cheveux ? Lorsque vous vous maquillez, ne suivez-vous pas toujours le même protocole ? Chacun a sa propre façon de faire, mais au-delà des différences individuelles, trois choses sont sûres :

- ✓ On fait pratiquement toujours sa toilette dans le même ordre.
- ✓ On ignore quand, comment et pourquoi on a commencé à faire sa toilette dans cet ordre-là. Au départ, il y avait sûrement une raison. Mais avec le temps, on l'a oubliée.
- ✓ On ne réfléchit pas consciemment à ce que l'on fait, notre esprit est ailleurs. La partie de nous-même qui gère la chaîne comportementale « toilette » est donc distincte de celle qui réfléchit à tel ou tel problème professionnel à résoudre pendant la journée.

Voilà donc comment fonctionne une chaîne de comportement automatique. L'utilité de ce système est évidente et considérable : il allège la quantité d'informations que nous avons à traiter. Ainsi, nous libérons des neurones et de l'attention pour nous focaliser sur les signaux envoyés par l'environnement, ou sur des problèmes qui demandent des solutions urgentes.

L'inconvénient est que nous ne regardons plus ces chaînes de comportement en nous interrogeant sur leur adéquation à la réalité de notre vie d'aujourd'hui. Ce qui nous conduit à perdre le contact avec des parties entières de nous-mêmes. C'est à peine si nous nous souvenons qu'elles existent. Livrées à elles-mêmes, elles continuent à exécuter les programmes comportementaux pour lesquels elles ont été créées, des programmes qui n'ont pas été remis à jour et qui ne sont plus adaptés à un traitement rationnel de notre environnement. Ils nous font donc agir à contretemps, à l'inverse de nos intérêts, ou de façon stupide, sans que nous sachions pourquoi.

QUE SE PASSE-T-IL QUAND UNE PARTIE DE NOUS-MÊME TAPE SUR UNE AUTRE ?

Lorsqu'une partie de nous-mêmes tape sur une autre, la contraignant ou la blessant[1], elle n'a jamais de mauvaises intentions, mais simplement une analyse faussée de la réalité. Ainsi, les gardes oranges frappent leur victime, qui s'avérera être un syndicaliste, parce qu'il est à leurs yeux un ennemi, mais leurs coups ont une visée pédagogique : « nous le rééduquons », diront-ils. Ceci n'est pas sans rappeler, dans une version intériorisée, tout le système de la pédagogie noire où les enfants sont battus pour extirper d'eux leurs

1. C'est le cas par exemple chez les gens qui ne parviennent jamais à être satisfaits d'eux-mêmes, quels que soient les succès spectaculaires qu'ils obtiennent. Une partie dit : « C'est formidable, ce que tu as fait ! » Mais immédiatement, une brigade de vigiles vient la rouer de coups en lui disant : « Nous n'avons pas le droit de dire cela. »

mauvaises tendances. « C'est pour ton bien ! » leur dit-on alors en guise d'explication[1].

Remettre en question des convictions bien établies et figées depuis longtemps, nous séparer d'une partie des « mensonges auxquels nous croyons » n'est pas chose aisée. Nous vivons avec depuis si longtemps que nous sommes devenus incapables de nous rendre compte que ce sont des croyances : elles nous apparaissent comme un reflet fidèle de la réalité. Nous portons des casques aux visières déformantes, qui faussent nos perceptions. Ils ont pour fonction de nous protéger, mais en même temps ils limitent notre vision. Et le pire, c'est que cette perception n'a aucune chance de changer puisque aucun comportement différent, qui aboutirait à modifier ou à nuancer cette perception, n'est possible. C'est le serpent qui se mord la queue.

Ce mode de fonctionnement est très fréquent : chez les gens qui ne mangent jamais tel ou tel aliment de peur de prendre du poids, qui ne supportent pas les miettes, qui ont des difficultés à émettre une demande, etc. Ces obsessions structurent une perception du monde divisé en deux camps : les choses menaçantes et les choses non menaçantes. Ces représentations déterminent ensuite un système de comportement, parfois absurde.

Ainsi, le cadre systématiquement en retard aux réunions agira -t-il ainsi parce qu'inconsciemment, il assimile le fait d'arriver à l'heure à un acte de soumission. Le travail du coach consiste toujours à visiter ce système en compagnie de son propriétaire, sans jamais juger, posant des questions qui permettent de mettre au jour la logique interne de ce comportement et de le relativiser. C'est cela qui ouvre la porte au changement.

En faisant enlever leur casque aux vigiles, et en leur faisant se rendre compte que l'air n'est pas empoisonné comme on le

1. Alice Miller est l'auteur qui a le plus théorisé ces dernières années sur la violence dans l'éducation et ses effets à long terme sur l'individu et sur la société. *C'est pour ton bien* est le titre de son ouvrage le plus connu.

leur avait dit, Roger Sfax fait œuvre de coaching. Par contre, il se fourvoie lorsqu'il leur demande d'acquérir eux-mêmes immédiatement une vision objective de la réalité, à l'image d'un coach qui dirait à son client : « maintenant que vous avez compris la différence entre la réalité et votre perception de la réalité, vous êtes capable de résoudre vos problèmes tout seul. » Il manque toute la phase de reconstruction progressive d'un nouveau référentiel et des stratégies de comportement adaptées à celui-ci. En effet, pour sortir d'un programme de comportement automatique et changer de comportement de façon autonome, il faut une instance centrale d'animation et de coordination. Nous le verrons dans les chapitres suivants.

Pourtant, lorsqu'une partie de personnalité reniée respire un coup d'air frais, une sensation de plaisir et de liberté apparaît, comme si nous ouvrions les volets dans une pièce trop longtemps obscure de notre édifice intérieur. Mais il faut auparavant convaincre les parties dominantes de notre personnalité, qui croient nous défendre contre les parties jugées « dangereuses », de desserrer un peu l'étau. Il serait cependant dangereux de s'identifier à l'une ou à l'autre : Roger a raison de refuser l'offre d'embauche qui ferait de lui un chef gardien, certes intelligent, mais limité à la vision d'un minuscule secteur de sa personnalité alors qu'il aspire légitimement à en reconquérir la totalité.

Exercices

Et vous, à votre avis, qu'est-ce qui cloche dans l'histoire de l'aviateur de Nagasaki, et en quoi cette histoire a-t-elle un rapport avec notre propos ?

Pouvez vous trouver dans votre vie trois ou quatre exemples de chaînes de comportement automatisées ?

Et une partie de vous avec laquelle vous auriez perdu le contact à une certaine époque de votre vie ? Comment avez-vous fait pour la retrouver ?

Avez-vous déjà été amené à remettre en question une croyance que vous pensiez totalement indiscutable ? Quel a été l'événement déclencheur de cette remise en question ? Qu'avez-vous ressenti ?

Vos « gardiens » : contre quels dangers vous protègent-ils et comment s'y prennent-ils ? Pouvez vous donner un exemple d'une de vos stratégies comportementales d'évitement ?

5

ROGER SFAX DÉCOUVRE LA LUTTE DES CLASSES… DANS SON ENTREPRISE INTÉRIEURE

L'HOMME SE RELÈVE AVEC DIFFICULTÉ et époussette ses vêtements :

« Comment avez-vous fait ?

– Comment j'ai fait quoi ? demande Roger en lui tendant une main secourable.

– Personne ne peut résister aux *Roginators.* C'est la première fois que je les vois agir autrement que comme des brutes stupides, uniquement préoccupées de nous persécuter.

– Ce ne sont pas des brutes stupides, proteste Roger. Ils font leur boulot du mieux qu'ils peuvent…

– Tu parles d'un boulot !

L'homme avance dans la lumière. Exactement la même taille et la même démarche que Roger, mais il semble avoir vingt ans de plus que lui. Son visage est couvert de rides et de cicatrices, ses cheveux tombent par plaques, il se tient penché dans une attitude à la fois de défi et de crainte. Vêtu d'un bleu de travail maculé de taches de graisse et tout déchiré, il donne à Roger une poignée de main rude, mais chaleureuse.

– Merci, en tout cas. Qui que vous soyez. Je m'appelle Rogos. Je suis le délégué syndical CVM de cette entreprise.

– CVM ?

Oui, le syndicat Ça-Va-Mal . Nous essayons d'alerter les autorités sur la gravité de la situation. Mais nous prêchons dans le désert. Les *Roginators* nous pourchassent et nous éliminent.

– Pourquoi veulent-ils vous réduire au silence ?

Rogos pêche une cigarette toute tordue dans une poche de sa salopette et l'allume à l'aide d'un vieux Zippo cabossé. Roger le regarde faire, envieux, lui qui a eu tellement de mal à arrêter de fumer, il y a une dizaine d'années.

– La Direction ne veut pas entendre notre message, dit-il dans un nuage de fumée. Ils préfèrent nous faire taire en nous tapant dessus.

– Existe-t-il d'autres syndicats dans cette entreprise ?

Rogos acquiesce en comptant sur ses doigts.

– Bien sûr ! Il y a la Confédération Tu-Es-Triste, le Comité Repose-Toi-Un-Peu , le Collectif Ouvrez-l'Usine-de-Droite-et-Libérez-les-Émotions …

À l'énoncé de ces noms, Roger se sent pris d'une sorte de malaise. Ces syndicats ne lui disent rien qui vaille, avec leurs appellations ridicules, déplacées, synonymes de faiblesse et d'auto-apitoiement.

– … sans oublier les autonomes du Mouvement Aime-Toi-Un-Peu .

– Mais enfin, explose Roger, la Direction de cette entreprise sait ce qu'elle fait, non ? Ils sont stupides, vos syndicats. Vous feriez mieux de travailler au lieu de démoraliser tout le monde en propageant des messages de… de *beatnik* !

– En oui, soupire Rogos, c'est mot pour mot ce que dit la Direction. Et pourtant, je vous assure, moi qui vis dans l'usine depuis très longtemps, j'ai vu les problèmes arriver, puis s'aggraver, puis l'amener là où elle en est aujourd'hui : au bord de la faillite.

– C'est vrai qu'il y a quelques petits problèmes, concède Roger, mais de là à crier au loup…

– La moitié des bureaux vides, l'usine qui tourne au ralenti depuis près de dix ans, la perte de la plupart des anciens clients, la disparition inexpliquée de la moitié du Comité de Direction, la construction de miradors et de barbelés dont l'entretien, ajouté aux salaires des gardes et des vigiles, représente le tiers du budget annuel, la fermeture des zones de contact avec l'intérieur, les réunions Force et Vigilance... c'est ça que vous appelez « quelques petits problèmes » ?

– Les réunions Force et Vigilance ?

Rogos réfléchit quelques instants, semblant peser le pour et le contre. Puis il dit :

– Suivez-moi, je vais vous montrer. »

La salle semble située au sous-sol de l'usine de gauche. Pour y parvenir, il a fallu emprunter des réseaux de galeries et de souterrains désaffectés, dont certaines sections sont jonchées d'éboulis et menacent de s'effondrer à tout moment. Il a fallu descendre des échelles de métal rouillé, ouvrir des trappes couvertes de gravats, escalader des montagnes de traverses brisées.

En cours de route, Rogos a raconté l'histoire de ces galeries, jadis de grandes artères de communication entre les services de l'entreprise parcourues jour et nuit par des camions qui venaient charger la marchandise pour l'emmener vers l'extérieur. En ce temps-là, l'entreprise était jeune, en pleine expansion, leader sur son marché. Tous les nouveaux produits étaient des succès et les machines tournaient jour et nuit.

« À l'époque, nous fabriquions des Ailes, des Nuages, des Soleils. La firme s'appelait SFCV : Société de Fabrication de Choses qui Volent. Ça avait une autre allure que les mécanismes affreusement compliqués, je te prie de le croire !

– Mais quand les choses ont-elles commencé à changer ?

– Bah, ces dix dernières années, on peut dire. Peu à peu, les produits vieillissaient. Personne ne se rendait compte de rien. Et puis Max et sa bande ont pris le pouvoir.

– Qui sont Max et sa bande ? »

Rogos fait signe à Roger de se taire. Le tunnel débouche sur une paroi métallique rouillée, constellée d'énormes rivets, et au milieu de laquelle s'ouvre un petit judas.

« Normalement, pour arriver jusqu'ici par la voie officielle, il faut passer pas moins de quatorze contrôles, cinq fouilles, neuf portiques détecteurs de Mauvais Esprit. Mais tout le monde a oublié ces anciens souterrains... »

Roger colle son visage au judas que Rogos a entrebâillé avec précaution, évitant de le faire grincer. Tout d'abord, il n'y voit rien, ébloui par la lumière de puissants projecteurs qui éclairent une vaste salle en demi-cercle à l'extrémité de laquelle se dresse une scène. Une grande quantité de messieurs en costume sombre, peut être cinquante, rigoureusement identiques les uns aux autres, se déplacent lentement dans la salle un verre à la main, dans un bourdonnement de conversations.

« Qui sont ces gens ? demande Roger. Que font-ils ici ?

– Ce sont les cadres de l'entreprise. Ils viennent participer à la réunion quotidienne de motivation animée par le patron. ''Force et Vigilance'', c'est ainsi que la Direction a appelé ces réunions.

– Ils viennent là tous les jours ?

– Toute absence est sévèrement sanctionnée, souffle Rogos. D'ailleurs, je crois qu'au bout de trois absences, on est livré aux *Roginators.*

– Qui est-il, ce patron ?

– Chut ! Le voilà ! »

Roger colle son visage au judas. Les messieurs en costume sombre se sont immobilisés, verre en main. Ils tournent tous leur visage vers la scène, où convergent les projecteurs. Le décor est aménagé comme pour les Conventions annuelles de la SOFERBA. Un pupitre de bois est posé au centre, éclairé par le cercle lumineux d'une poursuite, et flanqué de chaque côté par un écran vidéo géant. Soudain, un homme sort du public et monte sur scène, sous de maigres applaudissements. En tout point identique à Roger, peut-être un peu plus jeune, il s'approche du micro et le tapote pour en vérifier le fonctionnement.

« Bonjour à tous, mes chers collègues. Il me revient ce soir d'introduire notre réunion. En tant que sous-chef comptable adjoint de la SFMAC ROGER SFAX, je souhaiterais vous dire deux choses. Primo : notre situation de trésorerie est un tout petit peu tendue ces temps-ci, et je vous demande de faire attention aux notes de frais et de différer le paiement des factures fournisseurs qui peuvent attendre. Il est clair que nous surmonterons rapidement ce petit imprévu sans avoir besoin de l'aide de quiconque, ni des banques, ni des actionnaires.

Applaudissements clairsemés. Roger a l'impression d'assister à un rituel vide, cent fois ressassé. Le jeune homme derrière le pupitre se penche vers le micro :

« Secundo : le renouveau de cette entreprise, comme vous le savez tous, nous le devons à notre Directeur bien aimé, celui qui nous guide et nous protège, l'homme qui nous montre en permanence la voie de l'excellence, j'ai nommé Max de la Rogière.

Aussitôt, la symphonie du Nouveau Monde retentit dans les haut-parleurs, des faisceaux de lumière tourbillonnent et un homme en costume noir entre en scène, accueilli par une ovation. Alors que son visage s'inscrit sur les écrans géants, des deux côtés du pupitre, Roger sent son cœur se serrer. Car ce qu'il voit sur les écrans, c'est lui, exactement lui, au détail près, c'est le visage qui se reflète chaque matin dans le miroir de la salle de bains tandis qu'il se rase.

Ce visage, à présent qu'il le voit porté par quelqu'un d'autre, il lui paraît lourd, empâté, jaunâtre. Les poches sous les yeux n'ont jamais été aussi marquées, l'expression est revêche, méfiante, un profond sillon vertical se creuse entre les deux sourcils. Max de la Rogière semble agacé par les applaudissements, il fait une grimace de contrariété et lève une main pour obtenir le silence.

– Ne m'applaudissez pas ! ordonne -t-il sèchement.

Sa voix est métallique, un peu grêle, tremblant sur les finales. L'articulation est parfois incertaine, le phrasé hésitant ponctué de « ah-hem ». *« C'est donc ainsi que je parle ? »* se dit Roger dans sa cachette. Les applaudissements ont cessé net.

– Je vous ai dit cent fois de cesser ce comportement puéril. Nous avons des sujets autrement plus sérieux à débattre ce soir. Sachez tout d'abord que notre entreprise va bien. Très bien, même. Contrairement à ce que vous a dit le jeune Roginald, de la comptabilité, notre trésorerie est florissante. Il n'y a aucun problème.

Il se met à marcher de long en large, les mains croisées derrière le dos.

– Par contre, nos ennemis sont plus nombreux que jamais. Ils nous guettent, ils nous observent. Ils seraient trop heureux de nous voir mordre la poussière. Mais face à l'adversité, nous sommes déterminés à nous montrer implacables. Et nos pires ennemis ne sont pas nos concurrents, ces firmes malveillantes qui ont pour nom Fourbe & Rat Associés ou International Buglose Worldwide ! Nos pires ennemis sont à l'intérieur de cette entreprise. Ce sont ces syndicats qui sapent le moral du personnel en répandant des rumeurs mensongères sur de prétendues difficultés que traverserait notre société alors que TOUT VA BIEN. Soyez plus vigilants que jamais car on me rapporte que les syndicats auraient fait pénétrer dans l'entreprise un élément *extérieur* incontrôlé.

Ces mots déclenchent des murmures incrédules dans l'assistance. Le Directeur lève la main pour obtenir le silence.

– Rassurez-vous, nous avons le contrôle de la situation. Parce que nous sommes forts, et que nous ne plions jamais !

« Force et vigilance ! » psalmodient en écho les participants.

– Ne relâchez pas vos efforts. C'est au prix d'une méfiance de chaque instant que notre entreprise a réussi à éviter tant de pièges tendus par ses ennemis. Des questions ?

Le jeune homme qui avait pris la parole au début de la séance lève le doigt, tout penaud :

– Je tenais à dire, Monsieur le Directeur, que je me suis mal exprimé tout à l'heure, lorsque j'ai parlé d'une situation un tout petit peu tendue. Je vous prie de bien vouloir m'excuser. Je voulais dire, en fait, que notre situation est excellente. Merci de m'avoir corrigé, Monsieur. C'est pour moi une leçon, et une occasion de progresser.

– Très bien, Roginald, approuve le Directeur. Ne laissons jamais passer une occasion de rectifier une erreur et de nous améliorer.

Roger se retourne vers Rogos. Celui-ci est juste visible par le point rouge de sa cigarette, dans l'obscurité. Il en grillerait volontiers une petite, lui aussi.

– Il n'a aucune notion de la situation réelle de l'entreprise, c'est ça ?

– Il est enfermé depuis tant d'années sous terre, retranché dans un bunker à l'épreuve d'une attaque nucléaire ! L'information lui parvient filtrée par ses lieutenants, des gens de la Finance, de la Compta, de la Sécurité…

– Comment le sortir de là ? s'interroge pensivement Roger, plus pour lui-même que pour obtenir une réponse.

– Je ne devrais pas t'en parler, chuchote Rogos, mais nous allons déclencher prochainement une action unitaire, une opération de très grande envergure. Nous attendons seulement le bon moment…

– Mais, cela servira-t-il à autre chose qu'à faire plonger un peu plus la boîte ?

Pas de réponse. Rogos a disparu. Il semble s'être volatilisé et Roger se retrouve seul dans l'obscurité du souterrain, sans la moindre idée pour faire avancer les choses.

D'un côté, des syndicats déchaînés, prêts à tout casser si on ne les écoute pas. De l'autre, un dirigeant aveugle et sourd, retranché dans un blockhaus. Et une entreprise qui ne tient plus qu'à un fil. Il prend son portable et presse son unique touche. Au bout de huit sonneries, le coach décroche.

– Coach ? Toi aussi tu me laisses tomber ?

– Je suis là. Quelle est ta question ?

– La situation est-elle à ce point désespérée ?

– Tu possèdes déjà la réponse à celle-là. Pose ta vraie question.

– Ah-hem… dis-moi franchement, Coach : suis-je vraiment comme lui ?

Un petit silence à l'autre bout.

– Oui, Roger Sfax, tu es vraiment comme lui. Ou plutôt, corrige-t-il, tu l'étais.

– Je ne le suis plus ?

– Le fait même de poser la question le prouve. Vous étiez superposés, mais à présent, tu commences à le contenir. »

DÉBRIEFING : COMMENT NOS SOUS-PERSONNALITÉS DOMINANTES NOUS ENFERMENT DANS UNE FAUSSE VISION DU MONDE

Ce chapitre parle des sous-personnalités dominantes et des sous-personnalités reniées. Nous avons vu au chapitre précédent comment certaines parties de notre personnalité pouvaient s'éloigner de l'ensemble et donner naissance à des chaînes de comportements automatiques, répétitifs et hors de propos. Il s'agit ici de voir agir deux grandes instances de notre entreprise intérieure. D'une part, les sous-personnalités dominantes, celles qui mènent le bal et nous imposent leur loi. Et d'autre part, les sous-personnalités reniées, vécues comme inacceptables et dangereuses par les sous-personnalités dominantes mais qui sont indispensables à notre équilibre.

Rogos est une partie reniée de la personnalité de Roger. Il est la partie de lui qui pourrait lui permettre de se rendre compte qu'il traverse une grave crise et qu'il doit changer des choses pour s'en sortir. Détail intéressant, lorsque nous arrêtons de fumer, certaines parties de nous-mêmes y sont opposées et même si elles se soumettent à la loi de la partie qui veille sur notre santé, elles n'en restent pas moins secrètement tentées par une petite cigarette.

La diversité des syndicats dans cette entreprise intérieure nous montre que chaque message qui pourrait rééquilibrer la personnalité de cet homme à l'affectivité bloquée est impitoyablement pourchassé et éliminé. Roger n'a donc aucune chance d'entendre les voix intérieures qui pourraient l'amener à retrouver plus de lucidité sur sa situation.

Ce premier dialogue de Roger avec une sous-personnalité reniée nous montre aussi un mécanisme très important : il le fait rentrer sous stress, le mettant dans un état de malaise et d'agressivité. En effet, nos sous-personnalités reniées incarnent toutes les composantes de notre personnalité que nous avons appris à réprimer et à faire taire. Dès que nous effleurons l'une d'elles, elle appelle automatiquement, en réaction, la sous-personnalité dominante chargée de nous protéger contre elle. D'abord sous la forme du discours très vindicatif et réactionnaire de Roger. Ensuite, par la rencontre avec l'aspect le plus spectaculaire et le plus dictatorial de sa personnalité, le PDG de l'entreprise, Max de la Rogière.

Ce chapitre commence à nous donner une idée un peu plus claire de l'organisation de la personnalité de Roger Sfax. Exactement comme dans une entreprise où l'organigramme est le schéma fonctionnel qui définit la composition des différents services, les rapports entre eux, et les relations d'autorité qui s'établissent entre tous les acteurs. Dans notre entreprise intérieure, nos différentes sous-personnalités sont organisées selon un schéma, logique ou absurde, mais stable. Cette organisation s'est mise en place au cours de nos premières années, pour répondre aux demandes et aux contraintes de notre environnement. Elle a évolué plus ou moins rapidement de façon à déterminer les schémas de réflexion et d'action qui sont les nôtres aujourd'hui.

Prenons un exemple simple, celui d'Eva Sfax, la femme de Roger. Alors que dans l'entreprise intérieure de son mari, les syndicats sont impitoyablement muselés, réduisant à néant toute possibilité d'un contre-pouvoir psychologique équilibrant les excès et les erreurs de Max de la Rogière, l'organisation intérieure d'Eva est rigoureusement inverse. Chez elle, ce sont les syndicats qui ont pris le pouvoir dans l'entreprise et qui passent leur temps à organiser des manifestations pour un oui, pour un non. Ce qui se traduit dans sa vraie vie par le fait qu'elle se plaint tout le temps, n'est jamais satisfaite et éprouve fréquemment de violentes explosions de colère à la moindre contrariété. La question à se poser est : qu'est-ce qui a pu rendre ses syndicats intérieurs aussi virulents ? Sans analyser en détail l'histoire de cette entreprise et de cette personne, on peut imaginer, par exemple, qu'elle a été confrontée très jeune à l'injustice et au mensonge et qu'elle a dû se fabriquer des ressources intérieures (les syndicats) qui avaient pour mission de protéger sa sensibilité et de garantir sa survie psychologique face à des émotions qu'elle n'était, à l'époque, pas capable de supporter. Elle a donc donné naissance à une instance intérieure, une partie de sa personnalité, à laquelle elle a délégué la mission d'exprimer son désarroi et sa colère face à la situation. Les années ont passé, et cette situation spécifique a disparu. Seulement les syndicats intérieurs d'Eva n'avaient aucun moyen de s'en rendre compte. Ils ont donc continué à s'enflammer et à manifester au moindre événement lançant les programmes « injustice » ou « mensonge », faisant d'elle une personne perpétuellement blessée et réactive.

Examinons à présent ce que nous savons de l'entreprise intérieure de Roger Sfax. Il y a des années, elle a connu une phase de succès et de prospérité, correspondant sans doute aux meilleures périodes professionnelles de Roger dans sa vraie vie. Ses réponses étaient adaptées à l'environnement, ses stratégies lui permettaient d'atteindre sans effort ses objectifs, ses émotions circulaient souplement sans jamais le paralyser ou passer par des canaux souterrains[1], car l'ensemble de son psychisme était régulé efficacement par une Direction Générale digne de ce nom, capable de dialoguer aussi bien avec les syndicats qu'avec le Directeur Financier maniaque qui siégeait au Comité de Direction. Puis à la faveur d'un stress prolongé (vraisemblablement l'erreur d'orientation professionnelle qui lui a fait accepter de quitter l'univers technique dans lequel il s'épanouissait pour évoluer vers l'administratif et le management), il s'est retrouvé

1. Ces souterrains, qui fonctionnent de façon clandestine, parallèlement aux protocoles officiels de déplacement et de contrôle de l'entreprise, existent également dans notre personnalité. Ils assurent une certaine communication entre des parties cachées de notre personnalité et notre conscience. C'est notamment par le truchement du rêve que ces parties reniées parviennent à nous délivrer des messages importants – hélas, très déformés pour pouvoir « passer la douane ».

en état d'insécurité et, croyant bien faire, Max de la Rogière a pris le pouvoir. Roger s'est donc retrouvé « collé », identifié à une seule de ses sous-personnalités et à son seul point de vue, incapable désormais de prendre le recul nécessaire pour analyser son environnement et effectuer les ajustements nécessaires. Devenu sourd aux messages de ses syndicats intérieurs, il a laissé s'aggraver le décalage entre sa vie et la façon dont il la pilotait. Un aveuglement dont ses collègues de la SOFERBA ont tiré parti en le poussant vers la sortie. C'est à ce moment-là que l'aide d'un coach aurait pu lui être utile, en incitant toutes les parties de sa personnalité à exprimer leur point de vue, sans les juger. Mais Max de la Rogière avait déjà coupé les ponts, mettant en place des barrières qui empêchaient Roger de percevoir les signaux, faibles au départ, puis alarmants, envoyés par son environnement, d'interpréter ces signaux, et de les traduire en plans d'action.

Max de la Rogière est la sous-personnalité dominante de Roger Sfax[1]. Ancien Directeur Financier, c'est un homme de devoir et de conviction, aux jugements rigides, enfermé dans des représentations fausses du réel. Dans sa volonté de protéger l'entreprise, il en oublie de la faire avancer. Inaccessible au changement, il bloque entièrement le système. C'est ce qui arrive lorsqu'une de nos sous-personnalités prend les commandes de notre vie et parvient à nous faire croire que nous ne sommes pas une vaste combinaison de sous-personnalités intérieures, mais que notre espace psychologique se limite à elle seule. Ses intentions sont toujours excellentes : elle cherche sincèrement à nous rendre service (à nous protéger, à nous rendre parfait, à nous éviter de succomber à nos faiblesses…) Mais voyant midi à sa porte, elle s'y prend à sa façon. Le fait d'être ainsi « collé » à une seule de nos composantes débouche sur un appauvrissement dramatique de notre éventail de réactions, d'analyses et de comportements. Sans compter que le reste de nos sous-personnalités est toujours là, passif, assistant au match sans pouvoir y participer. On leur

1. Hal et Sidra Stone l'appellent « le régisseur-protecteur ».

interdit d'accéder aux commandes de notre vie pour nous faire profiter de leur sensibilité et de leur éclairage.

Qu'advient-il de ces parties de nous-mêmes réprimées et exclues lorsqu'une sous-personnalité dominante telle que Max a pris le pouvoir ? À quelle forme d'existence sont-elles condamnées et comment font-elles pour s'exprimer ? c'est ce que nous verrons dans les prochains chapitres.

Exercices

Et vous, quel est le nom de votre syndicat intérieur ? Et quelle est votre attitude à son égard : répression ? négociation ? tenue régulière d'un CCE ?

À partir de la phrase qui conduit votre vie (« sois parfait », « ne cède jamais », « tu dois rendre service aux autres », etc.), pouvez vous imaginer la sous-personnalité qui tient les commandes de votre entreprise intérieure ?

Est-ce un Directeur Financier paranoïaque, comme Max de la Rogière ? Ou une Mère Thérésa ? Un publicitaire avide de « coups » médiatiques ? Un ermite qui recherche la solitude et vous paralyse de trac dès que vous êtes en public ?

Essayez de partir à sa rencontre en lui écrivant une lettre où vous le remerciez de tout ce qu'il fait pour vous aider, et où vous mentionnez quelques inconvénients de son action.

6

ROGER SFAX EST SACRIFIÉ SUR L'AUTEL DU BUSINESS

C'EST INTÉRESSANT D'OBSERVER le bureau de quelqu'un. Cela donne un tas d'indications sur la personne : ce qu'elle veut paraître, ce qu'elle est réellement, ce qu'elle n'arrive pas à cacher. Si Roger avait eu l'esprit à cela, ce matin-là, il aurait pu dauber un bon moment sur la différence, par exemple, entre le bureau de Francis Gourbera et celui de Michel Buglose. Avec ses canapés de cuir profond, ses coupes de golf et de tennis soigneusement astiquées, ses sous-verre représentant Fourbe Rat serrant la main à diverses sommités politico-économiques, la petite machine à expresso sur une desserte et le coffret à cigares en marqueterie d'acajou, le bureau était censé donner de son occupant l'image d'un vainqueur jeune et vigoureux, aussi à l'aise sur les terrains de sport que dans les Ministères, et que sa puissance de travail n'empêchait pas d'apprécier les plaisirs de la vie. Un homme qui roulait en Jaguar X12, regardait l'heure sur une Breitling, et dont la cinquantaine bronzée, disait-on, ne laissait pas indifférentes les dactylos du premier étage.

Rien de semblable, en revanche, chez Michel Buglose. Le bureau semblait avoir été livré la veille : pas un grain de poussière, pas un détail personnel, pas le moindre papier sur cet immense plateau de verre fumé où seul, un écran liquide dernier cri accrochait un rayon de lumière de la fenêtre à son carénage de platine. Les portes matelassées et les fenêtres à triple vitrage faisaient régner un silence total, assourdissant aux oreilles de Roger habituées au vacarme des ateliers du secteur Nord. Ce côté ascétique à force de minimalisme dénotait en fait un orgueil immense, *l'hubris* du pur homme de pouvoir qui considère l'attachement aux objets comme un signe de faiblesse dans une vie dont la seule passion était de contrôler les hommes et les systèmes, mais c'était une passion glacée, comme le regard des gros yeux pâles qui ne clignaient jamais, fixés à présent sur Roger comme des phares sur un papillon de nuit.

« Je suppose que vous avez lu la presse, cher ami ? demanda Buglose de cette voix sans inflexions qui vous donnait toujours l'impression qu'il se payait très subtilement votre tête.

Roger n'avait pas ouvert un journal depuis bien longtemps. À la maison, sa femme aurait piqué une colère s'il avait osé mettre le nez dans Sud Ouest au lieu d'écouter se déverser l'interminable litanie de ses griefs en produisant toutes les vingt secondes environ des « oui, ma chérie ». Les derniers événements, en particulier ces randonnées de plus en plus fréquentes qu'il effectuait dans le monde de Rogersfax.com, l'avaient de plus en plus éloigné des affaires du monde. Le Président de la république aurait pu être trouvé mort assassiné qu'il n'aurait pas été au courant. Mais comment l'avouer à Michel Buglose qui semblait toujours impitoyablement informé sur le moindre détail advenu dans le monde depuis dix ans ?

– Ah-hem… je l'ai survolée rapidement, je dois dire.

– Vous êtes donc au courant pour l'Airbus de Nigerian Airlines.

– Euh… oui, plus ou moins, mentit Roger.

Buglose eut un petit rire, ce qui se manifestait chez lui par une brève secousse des épaules et une étincelle fugitive dans le regard. Manifestement, il n'en croyait pas un mot et prenait un grand plaisir à mettre ainsi Roger sur le grill.

– Vous comprendrez donc, naturellement, que nous ne puissions pas attendre pour annoncer votre départ.

– Mon départ ?

– Qu'est-ce que vous vous imaginiez, Sfax ? Cet Airbus sort de nos ateliers. Il a passé tous les contrôles possibles et imaginables. Et paf, il perd un réacteur au-dessus de la capitale du pays. En tant que Responsable de la Qualité Logistique, ou je ne sais quoi, vous l'avez certifié et re-certifié…

– Mais… vous savez très bien que je n'ai plus accès aux résultats des protocoles !

Buglose se renversa en arrière dans son fauteuil en croisant les mains derrière sa tête, ce qui chez les hommes petits, est un geste de dominance très répandu.

– Écoutez Sfax, vous verrez les détails avec le DRH. Nous sommes entre gens de bonne compagnie et nous ferons les choses dans les formes.Vous n'aurez pas à le regretter.

– Ce n'est pas possible. Vous ne pouvez pas me virer. Pas comme ça ! protesta Roger.

Buglose se pencha en avant et darda vers lui son regard de colin surgelé.

– Écoutez, mon petit vieux. Au cas où vous ne vous en seriez pas rendu compte, les temps ont changé. La glorieuse épopée des pionniers de l'aéronautique, l'étoffe des héros, tout ça, c'est du passé. Aujourd'hui, nous faisons du business. Nous avons des actionnaires à qui nous rendons des comptes. Il faut aller vite. Alors ne pleurnichez pas, prenez vos responsabilités, et passez chercher votre chèque.

– Mais c'est totalement injuste, fit Roger d'une voix blanche, son cerveau commençant tout juste à intégrer l'information. Vous me faites payer les pots cassés. Je suis le fusible, moi, dans cette histoire. Ca ne se passera pas comme ça !

– Et qu'est-ce que vous allez faire, hein ? Nous coller aux Prud'hommes ? Allez-y ! Vous gagnerez peut-être six mois de salaire en cour d'appel… dans quatre ans. Revenez sur terre, mon vieux.Vous êtes out. Fini. Mort. Je vous préviens par pure courtoisie. Mais le communiqué est déjà parti.

Roger se tordait les mains, devant cette machine parfaitement réglée, cet irréprochable combattant de la guerre économique qui lui mettait sans état d'âme une balle dans la nuque, simplement parce que c'était inscrit dans son agenda ce matin-là. Il se leva, KO debout, et se dirigea vers la porte dans un brouillard. C'est à peine s'il entendit Buglose ajouter :

– De toute façon, Sfax, vous étiez au bout du rouleau. Regardez-vous dans une glace. Vous faites peur à voir ! »

Dans le couloir, il croisa des gens. Il avait l'impression de flotter au-dessus du sol, un grand trou se creusait et se rebouchait à toute vitesse dans sa poitrine. Il eut le vague sentiment que des gens lui parlaient. Quelqu'un lui demandait, très loin, tout petit : « Ça va aller, Monsieur Sfax ? » Puis il se sentit partir. Tout se mit à tourner autour de lui et l'horrible moquette prétentieuse de l'étage directorial bascula vers lui. Avant de sombrer, il entendit une voix dans sa tête articuler distinctement : « Quand ça va mal, ça va mal. »

Puis ce fut le trou noir.

LES ÉTABLISSEMENTS ROGER SFAX SONT EN FLAMMES

Une épaisse fumée noire flotte sur l'usine. L'odeur de caoutchouc brûlé est omniprésente et de violentes explosions se font entendre dans le lointain. Couvrant le hurlement des sirènes, les haut-parleurs installés sur les miradors diffusent toutes les dix secondes des appels au calme :

« Un accident a eu lieu dans l'une de nos unités de production. Ne cédez pas à la panique. Appliquez les protocoles de sécurité codes 5 à 27. »

Roger voit se dérouler devant lui une scène d'apocalypse. Toute l'usine de droite est en flammes, les voitures de pompiers et les ambulances ne parviennent absolument pas à se frayer un chemin dans des allées qui n'ont pas été conçues pour le passage de véhicules de secours. Dans le vacarme et la fumée, il voit approcher une cohorte de manifestants qui agitent des banderoles où l'on peut lire des slogans tels que : « quand ça va mal, ça va mal », « nous voulons exister », « ça devait arriver », etc. À la tête du cortège, il reconnaît Rogos, qui s'immobilise devant l'usine en feu et porte un mégaphone à sa bouche.

« Camarades… camarades, commence -t-il, votre attention, s'il vous plaît…

Mais le son du mégaphone, mal réglé, est couvert par les clameurs de panique de la foule lorsqu'elle voit approcher une impressionnante phalange de Roginators et qu'une voix, dix fois plus forte, dont les échos rebondissent dans toutes les directions, retentit dans les centaines de haut-parleurs disposés autour du site :

– Veuillez regagner immédiatement vos postes de travail dans le calme et la discipline… L'état d'urgence est déclaré sur tout le périmètre de l'entreprise… Tout salarié participant à une manifestation s'expose à être abattu sans sommation… Je répète : ne cédez pas à la panique et regagnez immédiatement vos ateliers…

– Camarades, c'est un grand jour pour nous tous ! s'égosille Rogos dans son petit mégaphone.

Mais personne ne l'écoute. Les Roginators en combinaison de décontamination ont encerclé les manifestants et les tiennent dans leur ligne de mire. En haut des miradors, de puissants projecteurs de sont allumés. Seul un miracle pourrait éviter un bain de sang. Roger se sent misérable et impuissant. Sa main se porte à sa hanche pour décrocher son portable et consulter son coach, mais il ne trouve plus le petit téléphone, il a dû le laisser tomber dans la panique.

C'est alors que dans le ciel, surgissent des dizaines d'hélicoptères blancs portant sur le flanc une croix rouge. Ils s'immobilisent au-dessus du théâtre des combats et larguent des filins le long desquels des centaines et des centaines de petites silhouettes descendent en rappel. Dès qu'ils touchent le sol, ils effectuent un roulé boulé et viennent s'interposer entre les manifestants et les vigiles. Ce sont des soldats en uniforme blanc marqué d'une grande croix rouge, coiffés de casques bleus. Il semble que chaque Roginator ait désormais devant lui un casque bleu dont la présence l'empêche de tirer.

C'est alors que dans un vrombissement de tonnerre, un Canadair arrive au-dessus du site et après un premier passage à basse altitude, large des tonnes d'eau sur l'usine en feu, ce qui noie la scène dans une épaisse et nauséabonde fumée grise. Roger a les yeux qui piquent, il respire avec difficultés, malgré le mouchoir qu'il a eu la présence d'esprit de plaquer sur sa bouche. Il se rapproche d'un des casques bleus et découvre un visage neutre, sans expression que l'on dirait appartenir à un androïde ou à un robot synthétique.

– Qui êtes-vous et d'où sortez-vous ? hurle -t-il pour couvrir le vacarme des hélicoptères.

Le casque bleu fait un salut militaire et répond :

– Nous sommes l'unité médicale d'urgence. On nous a envoyés pour calmer la situation. Je suis le Sergent Prozac. Et là-haut, ajoute -t-il en pointant l'index vers le Canadair qui effectue un second passage, vous avez un as du pilotage, le Capitaine Tofranyl. »

Alors, une nuit épaisse tombe brusquement sur l'entreprise.

Le médecin ferma sa sacoche avec un petit bruit sec et se leva

Dans la chambre à côté, les volets tirés, Roger dormait profondément avec un léger ronflement.

« Je lui ai fait du Tofranyl et il faudra qu'il continue le Prozac pendant au moins trois mois, dit le médecin à Eva.

– Je ne comprends pas, répondit-elle d'une voix tremblante en se tordant les mains. Roger est une force de la nature. Jamais fatigué, jamais malade. Tenez : il n'a même pas de caries, c'est vous dire ! Il va être furieux quand il va se réveiller, que vous l'ayez bourré de médicaments.

– Je pense qu'il serait encore plus furieux si des collègues à lui n'étaient pas intervenus et qu'il ait réussi à se jeter par la fenêtre de son bureau, dit le médecin en enfilant son pardessus. »

DÉBRIEFING : UN CHANGEMENT POSITIF COMMMENCE SOUVENT PAR UNE CRISE

La prise de pouvoir émotionnelle, chez un homme habitué à contrôler ses émotions au-delà du raisonnable, qui a laissé pendant des années la cocotte minute monter en pression, est souvent brutale. Aucune soupape de sécurité ne fonctionne, car entièrement investi dans sa vie extérieure (travail, amis, loisirs…), il n'a jamais été question pour lui de se confronter à ses émotions, ce qui lui aurait permis de jauger la gravité de la situation.

L'usine de droite était donc une terra incognita pour Roger Sfax, qui s'en est vu refuser l'entrée par Rog lors de sa visite du site. Le fait de ne jamais y avoir pénétré prépare à coup sûr le terrain de l'effondrement émotionnel, de même que les pare-feux mal entretenus font le lit des incendies de forêt.

Chez la plupart d'entre nous, bien heureusement, les prises de pouvoir émotionnelles prennent des formes bien plus atténuées et bien moins graves que chez Roger Sfax : crises de panique, coups de colère, cafards sans raison, petites déprimes… tel est le prix que nous payons pour un contact insuffisant avec nos émotions. À force de les réprimer, de refuser de les accueillir et de les intégrer à notre vie, nous nous exposons à des troubles émotionnels chroniques ou à des crises massives qui dévastent tout sur leur passage. Et les voitures de pompiers intérieures dont nous sommes tous équipés[1] ne peuvent même pas approcher la zone du sinistre.

La rencontre entre un terrain et un contexte

La crise émotionnelle qui frappe un individu n'arrive jamais brusquement sur un terrain neutre, comme un coup de tonnerre dans un ciel bleu. La plupart du temps, la victime de ce type de crise a tiré sur la corde au-delà du raisonnable, sans tenir compte des signaux d'alarme plus bénins (mal de dos, fatigue, troubles du sommeil, cyclothymie, problèmes digestifs, hypertension…) qui lui ont été adressés et auxquels elle a choisi de se rendre aveugle. Comme dans toute crise, il y a rencontre entre un terrain et un contexte. Le terrain est celui

1. Elles sont garées dans notre lobe préfrontal gauche, une aire cérébrale spécialisée dans le contrôle des émotions dont nous pouvons facilement développer l'efficacité en progressant dans l'élaboration de notre dialogue intérieur.

d'une personnalité fragilisée par la prise de pouvoir exclusive de certaines de ses sous-personnalités, qui « forcent » en permanence pour rester au niveau et réaliser coûte que coûte la mission dont on les a chargées (être fort, garder en permanence le contrôle, faire plaisir à tout le monde, etc.) Mais cet effort incessant les épuise. En outre, les sous-personnalités réprimées effectuent un travail de sape souterrain et sabotent de leur mieux les efforts des sous-personnalités dominantes en nous faisant commettre des erreurs, des lapsus, oublier des choses, dire le contraire de ce que l'on voulait dire, etc. Cette opposition et ce sabotage sont pour elles la seule façon d'exister et de contourner la censure qui les empêche de s'exprimer clairement.

Cette situation de fragmentation du psychisme, lorsqu'elle dure depuis longtemps et que la quantité d'énergie demandée aux sous-personnalités dominantes pour maintenir le couvercle en place devient trop élevée, se révèle potentiellement explosive aux moments où nous avons moins d'énergie à notre disposition : stress ou fatigue.

De petites explosions, qui ont valeur de signes avant-coureurs, se produisent parfois hors du terrain professionnel. Ainsi, un cadre à la limite du point de rupture pourra trouver temporairement une petite soupape d'évacuation en manifestant, par exemple, des comportements violents envers sa femme ou ses enfants, ou en traversant des épisodes maniaques de suractivité et de surexcitation où il se sent comme invincible.

Le contexte : des schémas de comportement qui ne fonctionnent plus

Le contexte, quant à lui, est toujours une situation de stress que l'organisation de la personnalité telle qu'elle s'est constituée depuis des années dans le but de protéger l'individu est devenue incapable de gérer. Le contrat intérieur qui permettait aux sous-personnalités dominantes de justifier leur pouvoir exclusif (« je fais taire toutes les parties de moi-même qui me dérangent, mais c'est pour le bien de tous : j'ai raison puisque jusqu'ici, cela a fonctionné ») devient caduc. Toutes les émotions trop longtemps contenues affleurent à la conscience.

Les situations susceptibles de déclencher des crises sont donc celles qui confrontent l'individu au fait que ses ressources et stratégies habituelles sont inopérantes pour agir sur le réel. Typiquement, les situations de changement, où l'individu doit s'adapter rapidement à de nouveaux paramètres, pas toujours lisibles. Le changement ne déclenche pas en lui-même les résistances émotionnelles ; mais chez les individus dont la personnalité est déjà divisée par de profondes lignes de fracture, il vient simplement mettre en évidence l'inadéquation des réponses de l'individu à la situation, donc la nécessité d'abandonner les anciens schémas pour inventer du neuf, et parfois l'impossibilité de réaliser ce processus.

Les médicaments : un bien ou un mal ?

Dans la phase aiguë de sa crise, Roger Sfax voit descendre du ciel des hélicoptères et des soldats qui symbolisent l'action des médicaments antidépresseurs et anxiolytiques qui lui sont administrés. Les Français sont les premiers consommateurs au monde de cette classe de médicaments ; c'est dire s'ils sont prescrits à tort et à travers aux personnes stressées par leur environnement professionnel ou familial. Nous connaissons tous des gens abonnés, pour ne pas dire accrochés depuis des années au Lexomil ou au Tranxène.

Sans rentrer dans un débat ou dans des explications qui n'ont pas leur place dans ce livre, et pour prendre en compte la phobie de beaucoup de gens pour ce genre de médicaments[1], il me semble important de préciser trois choses.

D'une part, il est à mon avis largement préférable de prendre des médicaments de façon temporaire et limitée au moment d'une crise aiguë plutôt que de les prendre au long

1. Phobie dont les deux rationalisations les plus courantes sont : « Je veux m'en sortir tout seul, je n'ai pas besoin de prendre des cachets » et « J'ai peur que ces médicaments ne changent ma personnalité », sous-entendu affaiblissent mes défenses contre mes sous-personnalités réprimées et menace de les libérer.

cours pour masquer les symptômes qui nous permettraient de réfléchir aux changements à apporter dans notre vie.

D'autre part, quand il s'agit d'un *burn-out*, d'un épisode dépressif grave ou d'une décompensation brutale, la situation est parvenue à un point de gravité où l'on pourrait peut-être s'en sortir sans médicaments, mais beaucoup plus difficilement et en mettant beaucoup plus longtemps.

Enfin, au-delà des craintes que l'on peut ressentir vis-à-vis des produits pharmaceutiques, les antidépresseurs modernes permettent de prendre de la distance par rapport à nos déclencheurs émotionnels habituels et de remettre plus facilement en question nos stratégies de comportement, qui sont alors temporairement « débranchées », leur enclenchement automatique par des systèmes de croyances et d'émotions archaïques se produisant moins facilement.

7

UNE ASSEMBLÉE GÉNÉRALE EXTRAORDINAIRE DES ÉTABLISSEMENTS ROGER SFAX SA

« VOUS ALLEZ PEUT-ÊTRE ENFIN ACCEPTER DE M'ÉCOUTER, maintenant que vous avez mis cette entreprise à feu et à sang ! »

Roger Sfax se trouve dans le bureau de Max de la Rogière et s'adresse à lui d'un ton sévère. Cette fois-ci, il n'a rencontré aucune difficulté pour pénétrer dans les locaux du poste de commande, ni pour emprunter les ascenseurs qui plongent dans les souterrains et passer les multiples points de contrôle qui se trouvaient sur le trajet. En effet, à côté de chacun des Roginators, se tenait un casque bleu qui le neutralisait et l'empêchait de remplir sa mission. D'autres casques bleus, armés d'appareils électroniques, avaient désactivé les portiques de détection et les systèmes de sécurité. Impressionné, Roger a même demandé à l'un des techniciens s'il n'était pas dangereux de débrancher d'un seul coup tous les systèmes de protection. « Ne vous inquiétez pas, a répondu celui-ci, nous ne les débranchons pas, nous les réglons de façon à abaisser temporairement leur seuil de détection. »

Protégé par d'épaisses portes blindées, le bureau de Max de la Rogière est une petite pièce au mobilier vieillot, encombrée de dossiers et de parapheurs. Sur la table de travail, un bureau de métal gris au plateau de formica, une sorte de cylindre de cuivre monté sur un petit socle de marbre donne la date et le jour de la semaine en tournant différentes molettes. Roger possède, ou plutôt possédait exactement le même sur son bureau de la SOFERBA. Affichées au mur, on peut lire différentes devises et mots d'ordre : « Jamais ne faibliras », « Force et vigilance », etc., ainsi qu'une multitude de courbes et de graphiques dont Roger s'est rendu compte, en les examinant, qu'ils ne sont plus tenus à jour depuis des années.

Max de la Rogière se tient voûté, la tête dans ses mains, de l'autre côté du bureau. Sa ressemblance avec Roger est vraiment impressionnante. « C'est incroyable le point auquel j'ai pu m'identifier à ce bonhomme », se dit Roger avec amertume. Il se sent trahi, furieux et frustré, a envie de le prendre par le collet et de le secouer. Il lui crie à nouveau :

« Alors maintenant, vous allez m'écouter. Espèce de sinistre imbécile stupide et borné ! Depuis des semaines, je m'évertue à essayer de vous rencontrer pour vous mettre le nez sur l'évidence : cette entreprise marche sur la tête, il faut prendre des mesures urgentes…

Max se tasse un peu plus sur son siège, son teint est grisâtre.

– … mais à chaque fois, je me fais refouler par les gardes et les vigiles que vous avez installés dans tous les coins de ma propre personnalité pour m'empêcher de mener ma vie comme j'en ai le droit. Eh oui, car c'est de *ma* vie qu'il s'agit, figurez-vous.

– Non, proteste Max d'une voix blanche. Il s'agit de *mon* entreprise. Vous l'avez envahie par surprise, avec l'appui d'éléments factieux…

– Mais c'est fini ces conneries, maintenant ! hurle Roger. Il n'y a pas d'éléments factieux ou de complot. Nous sommes tous dans le même bateau. Vous êtes complètement parano.

– C'est possible, rétorque Max du tac au tac, mais il n'y a que les paranoïaques qui survivent.

– Ils survivent, admettons. Mais ils ne vivent pas. Et au passage, ils empêchent les autres de vivre. Regardez-moi attentivement. Savez-vous qui je suis ?

Max ne semble pas l'avoir entendu. Le regard dans le vide, il continue à se plaindre :

– Vous croyez que c'est drôle pour moi, de voir mon entreprise sous le coup de la loi martiale, des soldats en uniforme partout, mes systèmes de sécurité fichus en l'air, mon personnel en grève, la moitié de mes capacités de production parties en fumée… et par-dessus le marché, vous… une espèce de type qui débarque sans crier gare et qui m'explique qu'il est Dieu, et que je ne suis rien du tout, une partie de Lui-même.

– Je ne suis pas Dieu, dit Roger plus doucement. Et vous n'êtes pas rien du tout.

Des larmes se mettent à couler sur les joues de Max de la Rogière, sans qu'il fasse un geste pour les essuyer.

– Vous ne savez pas ce que c'est, vous, que de veiller jour et nuit à la sécurité et au bien-être collectif. Seul, complètement seul… je tiens cette entreprise à bout de bras depuis si longtemps. Je n'en peux plus… je suis épuisé. Je ne sais pas quand les choses ont commencé à se détériorer. Je… je n'ai rien vu arriver. Je me suis dit qu'on finirait bien par s'en sortir, qu'il fallait travailler plus dur, être plus fort. J'ai juste fait mon travail de mon mieux, moi. Je voulais protéger cette entreprise contre la mollesse, le laisser-aller, la fantaisie. Et regardez-moi ce gâchis…

– Vous avez fait un travail formidable, Monsieur, dit Roger qui à cet instant, se sent lui-même gagné par l'émotion.

– C'est vrai ? demande Max dont le visage s'éclaire brièvement. Vous pensez sincèrement ce que vous dites ?

– Au moins, vous avez essayé. Vous avez rempli votre mission de votre mieux. Vous avez commis des erreurs, c'est vrai. Mais je vous ai laissé les commettre. Je vous ai laissé le champ libre pour vous installer au pouvoir et mettre ma vie en coupe réglée. Le véritable responsable de cette situation, c'est moi, ajoute Roger après un instant de réflexion. Pendant toutes ces années, je n'avais jamais jeté un regard à l'intérieur de moi-même. Je vous ai abandonnés, et vous, La Rogière, plus que tout autre. Je vous ai laissé imaginer que vous pouviez me remplacer.

Il se lève et tend la main à Max.

– Sincèrement, je vous demande pardon. Faisons la paix.

– Je ne peux pas accepter, répond Max en se détournant. Je dois répondre de mes erreurs.

Soudain, la porte de métal du bureau s'ouvre violemment et une délégation syndicale menée par Rogos entre dans la pièce, suivie par une dizaine de casques bleus. En voyant entrer les syndicalistes, Max pousse un grand cri et couvre ses yeux de ses mains :

– Je ne vous vois pas, dit-il. Vous n'êtes pas là. Vous n'existez même pas.

– Hélas, ce n'est pas si simple, répond Rogos après avoir levé les yeux au ciel. Nous existons bel et bien, même quand vous fermez les yeux. Et l'Assemblée Générale des Actionnaires existe, elle aussi. Nous l'avons réunie et elle vous attend.

Il se tourne vers Roger et lui lance un clin d'œil.

– Alors, on fraternise avec l'oppresseur, Monsieur le charmeur de Roginators ?

– Mais vous allez arrêter, à la fin ? réplique Roger avec agacement. Cet homme n'est pas plus l'oppresseur que vous n'êtes l'ennemi.

– J'ai beaucoup réfléchi depuis notre rencontre, poursuit Rogos en changeant de sujet. Je crois que je sais qui vous êtes… malgré votre ressemblance saisissante avec ce citoyen-là, ajoute -t-il avec une petite grimace. Ca vous dirait de venir dire un petit bonjour à nos actionnaires ? »

UNE COUR DES MIRACLES INTÉRIEURE

Roger connaît déjà la salle du conseil, puisque dissimulé dans un souterrain, il a vu s'y tenir la réunion « Force et vigilance », une réunion ou l'incantation le disputait à l'aveuglement. Il chasse cette pensée avec agacement. Aujourd'hui, lors qu'il y pénètre derrière Max de la Rogière, solidement encadré par une délégation de syndicalistes aux sourcils froncés, le spectacle qui s'offre à ses yeux est bien différent du cocktail guindé des financiers en costumes sombres. Une foule bruyante et bigarrée a envahi les lieux. Des enfants courent dans tous les sens en piaillant d'excitation, bousculant au passage les adultes qui ne semblent pas leur prêter attention, absorbés dans leurs conversations. La salle est bondée, mal éclairée et enfumée. À l'arrivée du Directeur, les insultes fusent : « profiteur ! », « salaud ! », « irresponsable ! » Le petit groupe peine à se frayer un passage au milieu de la foule compacte. Max de la Rogière avance sans un mot, très pâle, très droit, le regard fixe. Roger ne peut s'empêcher de lui trouver une certaine classe, une cohérence avec ses principes (« ne plie jamais ») certes pathologique, mais qui ne manque pas d'élégance. Lorsqu'un crachat l'atteint à la joue, il blêmit un peu plus, mais le laisse couler sans un geste.

Un cordon de casques bleus finit par se former, dégageant péniblement un chemin jusqu'à la scène. Poussé, tiré, bousculé, Roger parvient difficilement à suivre le mouvement. Il quitte le groupe et jouant des coudes, met le cap sur un coin, à droite de la scène, où la foule lui semble un peu moins compacte. Il se retrouve au milieu d'un groupe de pilotes qui lui ressemblent tous comme des frères, mais des frères avec le visage plus buriné, mal rasé. Ils portent des blousons d'aviation en cuir râpés ornés d'ailes et d'écussons. Ils se présentent à lui comme « l'escadrille des ailes brisées ».

« Nous n'avons jamais volé, explique l'un d'entre eux. On ne nous a pas laissé réaliser ce rêve. Soi disant, ce n'était pas une priorité de l'entreprise.

– … et vous êtes nombreux dans l'escadrille ? demande Roger avec nostalgie, lui aussi ayant toujours eu envie d'apprendre à piloter.

– Baladez-vous un peu, l'ami. Vous serez étonné du nombre de gars en blouson de cuir que vous rencontrerez ! »

Pendant ce temps, la délégation a pris place sur la scène. Max de la Rogière est debout derrière le pupitre, entouré des solides gaillards des syndicats. Un peu en retrait, les casques bleus veillent au grain, se tenant prêts à intervenir si la situation dégénère. Des huées se font entendre. Quelque part, un bébé pleure. Roger parcourt la foule du regard. Il y a en effet de nombreux pilotes avec blouson et Ray Ban, mais également deux ou trois facteurs en uniforme de la Poste, sacoche débordant de lettres à l'épaule, des plombiers, chalumeau et tuyaux de cuivre à la main, des maçons au bleu de travail couvert de plâtre qui agitent des truelles, un bûcheron à la carrure impressionnante appuyé sur sa hache, plusieurs moines en robe de bure au capuchon rabattu, des chasseurs qui sifflent leur chien, le fusil cassé en travers de l'avant-bras, plusieurs jeunes surfeurs qui ont appuyé leurs planches contre le mur, un pianiste en grand habit de soirée qui porte sous le bras un exemplaire fatigué de la Méthode Rose, un chirurgien en blouse verte, le visage caché derrière un masque stérile… Il y a même quelques femmes, de tous les âges, qui offrent une ressemblance saisissante avec sa sœur. On dirait un bal masqué ou il serait le seul invité, multiplié à l'infini dans toutes les déclinaisons possibles et imaginables de lui-même. Il a la tête qui tourne un peu face à cette foule dont chaque membre est lui, ou l'a été, ou le sera, autant de versions de Roger Sfax inabouties, de virtualités auxquelles le chemin qu'il a donné à sa vie n'a jamais permis de se réaliser.

Des huées retentissent. Rogos s'est avancé sous les projecteurs et il a pris le micro.

« Camarades, chers Actionnaires, l'heure est grave. Notre usine est au bord de la faillite. L'une de nos unités de production a brûlé. Le personnel a voté une grève générale. Et nous sommes ici ce soir pour demander des comptes au principal responsable de cette débâcle, Monsieur de la Rogière, soi-disant Directeur de cette entreprise.

Les sifflets et les huées redoublent.

– Nous allons tous mourir par ta faute ! crie quelqu'un.

– Il a ruiné la boîte. Nous avons tout perdu à cause de lui, répond une autre voix en écho.

Rogos lève la main pour obtenir le calme.

– Depuis des années, notre syndicat défend vos droits en n'ayant pas peur de dire haut et clair : « ça va mal ! » Mais ce Monsieur (il désigne Max d'un coup de menton méprisant), aidé par ses comptables, ses financiers, ses assureurs, était trop occupé à couler l'entreprise, enfermé dans son bunker, pour daigner nous écouter. Bien plus confortable de se voiler la face et de dire : je ne vous vois pas, donc vous n'existez pas. Il nous a refait le coup tout à l'heure, lorsque nous sommes allés le chercher.

Même à cette distance, Roger voit Max de la Rogière trembler de haine. L'un des pilotes met ses mains en porte voix et crie :

– Laissez-le parler, au lieu de sortir toujours les mêmes boniments !

– C'est injuste, à la fin, chuchote l'un de ses collègues à l'oreille de Roger, les gens des syndicats, au moins, ils jouent un rôle. Nous, c'est pire. Nous n'avons même pas le droit d'exister.

Rogos reprend la parole :

– Je vous propose de voter à main levée la destitution de cette vieille crapule.

– Laissez le parler, bon sang ! crie le pilote. On ne va tout de même pas le renvoyer sans l'avoir entendu.

Dans le relatif silence qui suit, coupé uniquement par les pleurs d'un bébé, Max de la Rogière s'avance vers le bord de la scène, tout raide, une manche de son beau costume déchirée. Ses yeux lancent des éclairs et un tic nerveux crispe ses mâchoires.

– Ce que j'ai fait, vous m'entendez, tout ce que j'ai fait, c'était pour vous. Pour vous protéger. Je vous ai caché la vérité ? C'est parce qu'elle ne vous aurait pas été supportable. Vous êtes des ingrats. Il est vrai que j'ai dû éloigner du pouvoir certaines personnes dont la présence mettait l'entreprise en péril. Je l'ai fait sans états d'âme, parce que tel était mon devoir. Je n'ai fait que jouer mon rôle. Et si c'était à refaire, je le referais sans hésiter.

Rogos reprend le micro.

– Alors, vous voyez ? Il est indécrottable. Ceux qui sont pour le renvoyer sans autre forme de procès, levez la main.

Une forêt de mains levées signifie sans ambiguïté son congé au Directeur.

– Très bien, dit-il d'une voix sifflante. C'est ainsi que vous me remerciez de tous mes efforts, de mon dévouement sans faille, des années passer à vous protéger de dangers que vous ne pouvez même pas imaginer. Eh bien nous allons voir comment vous vous débrouillerez une fois que je serai parti. Je vous souhaite bien du plaisir !

Il descend de la scène sous les lazzis, puis se dirige vers la sortie, isolé par un cordon de casques bleus qui n'arrivent pas à le protéger entièrement des jets de tomates et d'œufs pourris. Dans la salle, l'atmosphère est devenue irrespirable. La cohue augmente, atteignant un nouveau palier.

– Comment allons nous faire, à présent ? gémit l'un des facteurs.

– Nous avons une arme secrète, répond Rogos d'un air mystérieux.

– Si ton arme secrète, c'est ton syndicat, on n'est pas dans la m… ! ronchonne quelqu'un, provoquant quelques rires.

– Non, sérieusement, reprend Rogos après avoir souri lui aussi, je vais vous donner une information surprenante. Roger Sfax est ici, avec nous, dans cette salle.

Un brouhaha indescriptible suit cette révélation. Une explosion d'incrédulité se lit sur les visages.

– Mais enfin, Rogos, dit l'un des surfeurs, tu sais bien que Roger Sfax *n'existe pas* !

– C'est le fondateur de notre entreprise, tout de même, proteste une voix dans la foule.

– Mais il est parti depuis longtemps. Depuis des siècles… dit l'un des pilotes, perplexe.

– Oui, reprend Rogos. Il était parti, mais je peux vous dire qu'il est revenu. Il m'a même tiré des griffes des Roginators.

– Pas possible !

– Incroyable !

– Personne ne peut échapper aux Roginators ! s'exclament en chœur plusieurs participants.

À tâtons, Roger trouve son portable et appuie sur la touche.

– Je n'aime pas trop la tournure que ça prend, hurle -t-il dans le combiné pour couvrir le vacarme, se bouchant l'autre oreille.

– Au contraire, dit le coach. C'est une superbe opportunité. Voyons voir ce que tu vas en faire.

– Je n'ai aucune envie de jouer les vedettes face à cette bande d'excités, proteste Roger.

– Allons, Roger Sfax, aurais-tu peur de proclamer que tu es de retour parmi les tiens ? Aurais-tu honte de te faire reconnaître dans le plus grand de tes rôles : toi-même ?

– Je ne suis pas encore prêt, tergiverse Roger.

– Balivernes, réplique le coach. C'est le moment de monter sur scène et de devenir celui que tu es.

Roger coupe rageusement la communication. « Facile à dire… », grince -t-il entre ses dents. Il prend alors conscience d'un phénomène étrange. Autour de lui, les gens se sont tus. Ils forment un cercle et le dévisagent avec curiosité.

– Impossible, souffle quelqu'un, c'est le clone de celui qu'on a renvoyé.

– Ça ne peut pas être *le* Roger Sfax, renchérit quelqu'un d'autre.

À présent, tout le monde se rassemble autour de lui. Une bousculade prend naissance, ceux qui sont derrière jouant des coudes pour se rapprocher.

– Qui que vous soyez, allez leur parler, sinon ça va tourner à l'émeute, lui dit un aviateur.

Le courage d'être soi

Sous la lumière des sunlights, Roger distingue à peine la foule entassée dans la salle. Des mains l'ont tiré, poussé, agrippé, jusqu'à ce qu'il arrive au pied de la scène et qu'il monte, sans trop savoir comment, les trois marches vers la lumière, accueilli par Rogos qui l'a étreint dans une accolade solennelle. À présent, il dégouline de sueur, sa chemise trempée colle à son dos. L'assistance s'est immobilisée, dans un silence qui exprime une attente fébrile et douloureuse. Rogos lui tend le micro.

– Dites-leur, ordonne -t-il.

Roger se prend à se demander comment une partie de lui-même aussi déshéritée qu'un petit syndicaliste a pu avoir l'intuition de ce qu'il était, faire preuve d'une perception aussi aiguisée de la réalité, tandis que le Directeur refusait obstinément la main qu'il lui tendait.

– Allez, dites-leur, insiste Rogos d'un ton presque implorant. Après tout, n'est-il pas lui aussi une constellation de sa galaxie intérieure qui se bat humblement pour survivre ?

Le public est totalement silencieux, à l'exception du bébé qui pleure toujours. Roger sent monter en lui une puissante émotion. Il y a des années qu'il n'a pas senti ainsi son ventre se nouer de compassion, des sanglots si longtemps réprimés se bousculer dans sa poitrine.

– Eh bien… je… souffle -t-il dans le micro. Les mots ne veulent pas sortir. Il est aphone. Comme dans un rêve, il s'entend murmurer :

– … c'est vrai. Je…ahem, je suis Roger Sfax.

Et à l'instant où cet aveu passe ses lèvres, à l'instant même où il se nomme de son nom, c'est comme si un grand soleil éclatait en lui, comme si un lourd fardeau qui l'écrasait sans même qu'il en ait conscience glissait de ses épaules. Il se redresse, écarte les bras comme pour tous les contenir et répète, alors que de grosses larmes se mettent à rouler sur ses joues :

– C'est moi. Je suis Roger Sfax. Je suis revenu.

Alors la salle s'éclaire peu à peu et il les voit enfin, ses actionnaires, sa cour des miracles intérieure ; transfiguré par la lumière du respect de soi, il les voit tendre vers lui leurs visages baignés d'espoir, leurs mains aux doigts écartés, lui dire sans un reproche combien ils ont souffert de son absence, comme ils ont douté, essayé de faire avec, quelle détresse était la leur ; il les voit, les aviateurs, les médecins, les comptables, mais à présent il aperçoit aussi des voleurs, des prostituées, des lâches, des infirmes, tout un peuple de l'ombre qui à présent fait cercle autour de lui et lui dit sans un mot, juste par sa présence anxieuse : « O toi qui nous vois devant toi aujourd'hui, nous sommes juste tels que nous sommes, nous te montrons notre faiblesse et notre peur car nous voulons que tu nous contemples dans tout notre dénuement avant de te poser très humblement la question : ô toi qui es revenu, maintenant que tu nous as vus, accepteras-tu de nous aider ? »

– C'est lui ! crie une femme.

– Je le savais ! exulte Rogos. J'en étais sûr !

D'un même cri qui enfle comme une vague, deux cents poitrines clament leur espoir et leur joie. Mais Roger ne se sent pas pleinement comblé. Il manque quelque chose à la gloire de ce moment.

– Chut ! dit-il dans le micro en mettant un doigt sur ses lèvres. »

Il descend de scène et fend les groupes qui s'écartent sur son passage en l'effleurant du bout des doigts, comme des roseaux. Il se dirige vers le fond de la salle, là où l'obscurité est la plus profonde. Enfin, il le voit tout contre le mur.

C'est un petit garçon de quelques mois, posé à même le sol. Ses bras et ses jambes s'agitent frénétiquement tandis qu'il hurle et sanglote dans l'indifférence générale. Ses grands yeux noirs sont pleins de larmes et ses petits sourcils se rejoignent presque sous la masse de ses cheveux tout frisés, comme les siens. Roger s'agenouille et avec douceur, il le recueille dans ses bras comme un trésor infiniment fragile. Aussitôt, l'enfant se calme et s'endort, la tête au creux de son coude.

Alors Roger se sent envahi d'un sentiment de plénitude, une énergie sans limite circule dans son corps.

Il lui semble que des rayons lumineux sortent de ses yeux, que l'air pique ses poumons comme la fraîcheur d'un petit matin en altitude. Dans ses bras, un enfant lui fait le cadeau fragile de son sommeil qu'éclaire par instants un sourire confiant.

Tout devient simple. Plus rien ne peut lui arriver.

DÉBRIEFING : ACCEPTER TOUTES LES POTENTIALITÉS DE NOTRE PERSONNALITÉ

Le début de ce chapitre nous permet d'assister à un dialogue entre Roger Sfax et Max, sa sous-personnalité dominante. Ce dialogue nous présente d'abord ce qu'il ne faut pas faire, puis la façon adéquate de l'aborder si l'on veut sceller une collaboration efficace avec elle.

Roger se déplace dans son entreprise intérieure en crise, où le seul contrôle est exercé, temporairement, par les médicaments. Ces derniers atténuent ses défenses psychologiques habituelles, ce qui lui permet de se « décoller » de sa sous-personnalité dominante et de rentrer plus facilement en contact avec elle[1].

Cet état de crise, nous l'avons vu, accompagne souvent le démarrage de changements importants dans notre vie. Car c'est cette crise qui nous force à remettre en question la façon dont nous conduisions jusqu'ici notre vie et qui nous permet de décider de la diriger autrement, ce qui implique, dans un premier temps, qu'on en reprenne les commandes pour redevenir, ou devenir, capable de la diriger consciemment. En d'autres termes, tant que cela fonctionne à peu près, il n'y a pas de raison de prendre le risque du changement.

Mais si nous avons fait ce pari de changer notre façon de diriger notre vie, il arrive un moment où, tel un serpent en train de muer, nous nous sommes dépouillés de notre ancienne peau d'habitudes confortables et connues sans que la nouvelle peau ne soit suffisamment formée. Nous traversons donc une période, parfaitement normale, d'extrême fragilité, ce qui nous place dans un grand sentiment d'insécurité et augmente le stress exercé sur les sous-personnalités dominantes, qui ont eu

1. Pour la simplicité de l'exposé, Roger Sfax a une seule sous-personnalité dominante. Il est fréquent d'en trouver plusieurs, en alliance ou en opposition, qui se partagent le pouvoir et font exécuter le travail à des sous-personnalités opérationnelles qui coopèrent avec elles pour gérer notre comportement suivant leurs directives, tout comme un comité de direction donne des instruction à des chefs de services.

pour mission jusqu'à ce jour de nous protéger, justement, de ce sentiment.

Alors que nous avons « collaboré » aveuglément avec notre sous-personnalité dominante tout au long de la période où nous étions « collés » à elle, nous imaginant que nous étions elle et refusant d'accepter les autres parties de nous-mêmes, il est fréquent que nous ressentions une violente colère à son égard lorsque nous réalisons à quel point elle nous a bridés, empoisonné la vie, réduits à un seul point de vue étroit, empêchés de jouir de l'existence et de faire des choix correspondant réellement à nos aspirations, etc.

Notre réaction est donc d'en vouloir terriblement à notre sous-personnalité dominante et de la considérer comme un tyran auquel nous adressons d'amers reproches. Mais comme le constate Roger Sfax au fil de sa conversation avec Max, la sous-personnalité dominante a beaucoup de difficultés à entendre qu'elle s'est trompée, puisqu'elle a agi avec d'indéfectibles bonnes intentions. Il est donc totalement inutile de lui adresser des reproches, sous peine de rajouter à son stress et d'aggraver encore la situation, aboutissant au résultat rigoureusement inverse à celui recherché[1]. C'est pourquoi la seule chose à faire est de s'ouvrir et de lui tendre la main, de reconnaître sincèrement les efforts de notre sous-personnalité dominante et l'énergie qu'elle déploie inlassablement pour notre « bien ». Cette réconciliation est la condition essentielle et incontournable pour qu'un dialogue intérieur puisse s'amorcer. La plupart du temps, elle s'accompagne d'une forte émotion et permet d'ouvrir en retour la sous-personnalité dominante à l'idée d'un changement. J'insiste sur ce point car il est fondamental. Reconnaître les mérites de notre sous-personnalité dominante et la féliciter intérieurement pour les aspects positifs (et réels… cherchez bien !) de son action est la condition de base de toute évolution intérieure.

1. Sous stress, notre sous-personnalité dominante utilise la seule stratégie comportementale qu'elle connaît : elle en rajoute.

À la rencontre de notre famille intérieure

C'est cette acceptation qui constitue, notamment, la clé de déverrouillage qui nous permet d'aller à la rencontre de notre famille intérieure, une famille d'actionnaires qui vit « en dessous », pourrait-on dire, des parties de notre personnalité qui font marcher la boutique.

Rappelons ce qui caractérise nos sous-personnalités exprimées, telles que Max de la Rogière ou Rogos. Ce sont des systèmes de comportements autonomes, semi inconscients, organisés autour d'objectifs émotionnels tels que : nous éviter de souffrir, nous maintenir en sécurité, attirer l'attention sur nous, nous faire apparaître comme moins intelligent que notre frère aîné, etc. Certains de ces systèmes, que nous avons créés à différents moments de notre histoire, en général très tôt, ont progressivement gagné en puissance et se sont imposés comme des sous-personnalités dominantes. En d'autres termes, nous nous sommes persuadés qu'il s'agissait là de la seule façon possible de mener notre vie. Régnant sur l'entreprise, ces sous-personnalités ont éliminé tout ce qui les gênait ou qu'elles identifiaient comme une menace pour leur suprématie. Au premier rang de ces menaces, les sous-personnalités antagonistes qui risquaient de nous faire refuser de filer droit et d'appliquer le programme, réprimées ou enfermées, comme nous le verrons par la suite.

Mais qu'elles soient dominantes ou réprimées, toutes ces sous-personnalités sont à l'œuvre dans la façon dont nous conduisons notre vie – ou dont nous la gâchons.

Il en va bien différemment de nos actionnaires. Ceux là n'occupent pas le haut du pavé. Il s'agit de l'immense réservoir des potentialités de notre personnalité, des virtualités que nous n'avons jamais développées et que nous ne réaliserons peut-être jamais. À l'état latent dans notre entreprise intérieure, ces « germes » de sous-personnalités n'ont jamais été développés suffisamment pour s'exprimer et devenir opérationnelles. On ne leur a jamais confié de mission, on ne s'est jamais appuyé sur elles pour prendre des décisions, on n'a même jamais décrété qu'elles représentaient un risque qui justifie le budget pour les enfermer dans un souterrain et payer des gardes pour les empêcher de s'évader. Elles sont nées d'un rêve, d'une passion, d'une aptitude. Elles représentent notre potentiel, notre contenance là où les sous-personnalités opérationnelles incarnent notre contenu, l'espace intérieur qu'il nous reste à parcourir avant de toucher nos limites.

Car en dépit de ce qu'affirme le principe de Peter[1], chacun d'entre nous possède à tout moment de son existence une marge de progrès considérable et peut décider d'exprimer à sa guise ce potentiel inutilisé, en puisant dans ce réservoir.

SE RÉCONCILIER AVEC SOI-MÊME

À une condition, toutefois : se réconcilier avec sa vraie personnalité, dans toute sa richesse et ses contradictions. Ce qui implique de cesser de croire que l'on peut être cohérent, tout le temps identique, à l'abri des tempêtes et des conflits intérieurs. Roger rencontre tout d'abord des aviateurs, qui représentent un ancien rêve toujours à l'œuvre à l'intérieur de lui-même, se plaignant amèrement de ne jamais avoir pu accéder à la lumière, de ne pas avoir pu s'inscrire de temps à autre dans la réalité de son existence.

Au fur et à mesure qu'il approfondit sa perception, il découvre aussi des potentialités plus sombres, qu'il préférerait ignorer. Ce qui signifie que nous sommes tous capables du meilleur comme du pire[2]. Selon les décisions que nous prenons pour notre vie, c'est l'alcoolique ou le maniaque que nous ferons émerger au lieu de l'époux aimant ou du professionnel

---

1. Le principe de Peter postule que dans une organisation, chacun des acteurs a tendance à se diriger vers son seuil d'incompétence. Ce qui suppose que chaque individu possède un seuil immuable au-delà duquel il cesse d'être compétent. Le travail de développement personnel et la formation permettent, bien heureusement, de repousser, à tout âge, et sans limite, ce seuil fatidique. Le seuil d'incompétence, concept des années 70, n'est donc immuable que pour ceux qui ont renoncé à tout travail d'évolution personnelle.
2. « Hitler, c'est moi », écrivait Romain Gary, profondément déprimé, dans son dernier roman, avant de se donner la mort.

talentueux. Nos actionnaires intérieurs sont donc les sources vives qui irriguent en permanence notre personnalité, la plupart du temps à notre insu.

Nous nous sommes détournés d'eux, oubliant de nous intéresser à nous-mêmes, perdant de vue cette condition essentielle à une vie épanouissante qu'est la connaissance de nos propres besoins et le fait de rester en contact avec eux. Investis dans des réalisations extérieures qui ne nous satisfont pas toujours, et parfois au prix d'intenses souffrances, nous avons, comme Roger Sfax, abandonné purement et simplement nos sous-personnalités à leur triste sort, les laissant se débrouiller entre elles pour le meilleur et pour le pire… et pleurer dans le noir.

C'est au détour d'une crise d'adaptation, comme nous l'avons vu, que l'ensemble de ces virtualités de notre personnalité, sa vérité profonde, peut se révolter contre la façon dont nous vivons et dont nous les obligeons à vivre. Les sous-personnalités dominantes, pour leur part, gardiennes du temple, incarnations des options que nous avons prises sans les remettre suffisamment en question, sont incapables de comprendre la révolte et la souffrance des actionnaires. Vu de sa fenêtre à lui, Max de la Rogière a toujours œuvré loyalement pour le bien commun. La violence des actionnaires, dans son exagération, est à la mesure de la violence qu'ils ont subie durant des années, lorsque Roger s'est mis à plafonner professionnellement, puis à échouer, l'ensemble de cette situation se traduisant par une souffrance de l'ensemble des composantes de sa personnalité, y compris la sous-personnalité dominante, que l'on peut voir épuisée et angoissée d'avoir essayé, en vain, de tout arranger à elle seule. Pour autant, comme on le verra au chapitre suivant, la renvoyer et chercher à l'éliminer constitue un remède largement pire que le mal.

Câliner l'enfant qui pleure

Reste à parler d'une partie essentielle de nous-mêmes : l'enfant intérieur. Il s'agit de la survivance en nous du petit enfant que nous avons été. De nos rapports avec notre enfant intérieur, dépend notre capacité à rentrer en contact avec les autres de façon simple, authentique et spontanée[1].

Cet enfant intérieur, nous sommes nombreux à le maltraiter et à l'isoler sous prétexte de le protéger, comme un parent qui empêche son enfant de sortir et de s'amuser dans le but de lui éviter les mauvaises fréquentations, le laissant souffrir de la solitude. Nous acceptons mal qu'il y ait en nous un enfant fragile et dépendant, nous qui nous prétendons forts et autonomes. Pourtant, notre enfant intérieur est l'une des parties les plus puissantes de nous-mêmes, il possède une large part de notre vérité profonde. Lorsque nous décidons d'entreprendre le voyage qui nous conduit au fond de notre entreprise intérieure, il nous faut donc le retrouver dans le foisonnement complexe de nos différentes facettes, le prendre dans nos bras, le rassurer (car il a peur) et le nourrir (car il a faim). Cette réconciliation avec le petit garçon ou la petite fille que nous avons été scelle de façon indélébile le pacte de solidarité que nous pouvons passer avec nous-même. Nourrir et protéger son enfant intérieur, porter sur lui un regard bienveillant et indulgent, c'est la garantie que nous pouvons devenir un adulte autonome, assumant sa part de fragilité au lieu de la dénier, capable de prendre des décisions indépendantes pour engager notre vie dans des voies qui nous conviennent profondément au lieu de la gaspiller dans des environnements et des activités toxiques.

Exercices

– Et vous, avez-vous une « escadrille des ailes brisées » dans votre entreprise intérieure ? Quel est le rêve que vous auriez aimé réaliser sans jamais vous en donner la permission ?

1. Pour approfondir cette notion d'enfant intérieur, on se reportera aux ouvrages de Hal et Sidra Stone.

– Faites le portrait de quelques-uns de vos actionnaires. Essayez d'en décrire certains qui ne vous sont pas sympathiques.

– Décrivez votre enfant intérieur. Qu'aime-t-il faire ? Quand est-il heureux ? Que faites-vous pour vous occuper de lui ? Essayez de lui écrire une lettre pour reprendre contact avec lui. Imaginez et rédigez sa réponse.

8

ROGER SFAX LIBÈRE ET RÉHABILITE LES CADRES EMPRISONNÉS

« VOUS N'ÉTIEZ ABSOLUMENT pas obligé de faire cela pour moi, déclare Max de la Rogière sans chercher à cacher son amertume. »

Deux jours – ou plutôt deux visites de Roger Sfax – ont passé depuis l'Assemblée Générale où il a accepté sous les acclamations la mission d'essayer d'éviter le dépôt de bilan aux Établissements Roger Sfax S.A.

– Je ne l'ai pas fait pour vous, si vous voulez savoir, répond tranquillement Roger. Je l'ai fait pour l'entreprise.

L'ancien Directeur pousse un soupir agacé.

– Après avoir été humilié de la sorte, il fallait bien que ce soit vous, Roger Sfax, qui vienne en personne me récupérer dans l'antichambre, pour que j'accepte de revenir.

– La cause est entendue, tranche Roger. Je vous ai expliqué, je leur ai expliqué. Le fait que vous restiez en poste était une condition indispensable pour que j'accepte la mission d'audit et de redressement de l'entreprise.

– Mais enfin, proteste Max, ils m'ont destitué, ils m'ont conspué, craché au visage…

– … et pour finir, ils ont accepté de vous rétablir dans vos fonctions quand ils ont compris que toutes les erreurs commises l'avaient été de bonne foi. Ce qui serait bien, maintenant, c'est que vous vous arrêtiez cinq minutes de vous lamenter sur vous-même et qu'on se mette au boulot.

Roger n'en revient pas de cette nouvelle énergie, apparemment inépuisable, qui lui permet de cadrer gentiment ce dirigeant déboussolé. Était-ce le même qui, il n'y a pas si longtemps, lui interdisait sa porte ?

– Une dernière chose, quand même, insiste Max. Pourquoi n'avez-vous pas accepté la Direction Générale comme ils vous le proposaient ? Pourquoi avoir posé comme condition que votre rôle se limiterait à celui d'un conseiller ?

Roger lève les yeux au ciel et se masse la racine du nez.

– Bon. Je vous explique une dernière fois. Vous avez passé des années à traquer les syndicats dans tous les couloirs et à les persécuter. Alors qu'ils avaient, me semble -t-il, des informations essentielles à nous transmettre. La remise à flot de cette société ne passe certainement pas par le fait de se mettre à traquer et à persécuter Max de la Rogière. Les syndicats ont été capables de le comprendre et de tourner la page. Cela devrait être à votre portée à vous aussi, avec un petit effort. Il va falloir changer pas mal de choses, Monsieur le Directeur. Sinon, pour être franc, mieux vaut arrêter tout de suite.

Max de la Rogière réfléchit quelques instants à ce raisonnement. Son visage s'éclaire presque d'un sourire lorsqu'il dit :

–Vous voulez dire que moi aussi, j'ai des choses essentielles à apporter ?

–Vous et d'autres. Beaucoup d'autres. Nous allons commencer par recruter un Directeur Commercial.

L'expression de Max s'assombrit. Il s'absorbe profondément dans la contemplation de son stylo, le faisant tourner et retourner entre ses doigts, la tête baissée.

– Quoi ? demande Roger. Il vous paraît absurde qu'une entreprise digne de ce nom ait un Directeur Commercial ? Vous savez, c'est ce type avec une mallette qui va décrocher de nouveaux marchés.

– C'est que… commence La Rogière d'une voix embarrassée.

– Allez mon vieux, accouchez ! Si nous devons travailler ensemble, il va falloir commencer à se parler.

– Ça risque de ne pas vous plaire…

– Je prends le risque.

– Eh bien nous avions un Directeur Commercial, dans le temps. Mais nous lui avons affecté un bureau, comment dire… un peu à l'écart.

Dans les profondeurs de l'entreprise

La petite délégation, conduite par Roger, s'immobilise devant une porte blindée. Pour arriver jusqu'ici, ils ont dû emprunter plusieurs ascenseurs désaffectés, descendant vers les entrailles de l'entreprise. À chaque niveau, des portes solidement gardées ont été déverrouillées. Apparemment, la renommée de Roger s'est répandue rapidement parmi les Roginators, puisqu'ils ont obtempéré de bonne grâce à chacune de ses instructions, non sans jeter des regards incendiaires à Max, dont la cote est apparemment au plus bas. Les Casques Bleus n'ont même pas eu à intervenir. D'ailleurs, on en voit beaucoup moins.

– C'est ce que vous appelez « un bureau un peu à l'écart » ? demande Roger en désignant la porte blindée.

– Ah, je savais bien que ça ne vous plairait pas, marmonne le Directeur en baissant les yeux.

Il a fallu le traîner pratiquement de force jusqu'ici. À chaque étape, il se trouvait une bonne raison pour remonter dans son bureau, à la surface.

– Pauvre garçon, murmure Rogos en posant sa main sur la porte. Il est enfermé là-dedans depuis tant d'années.

– Taisez-vous ! le coupe Max. Vous ne savez pas de quoi vous parlez. Les commerciaux sont des gens très dangereux. Ils se vantent. Ils sont contents d'eux-mêmes. Ils draguent leur secrétaire. Ils vous demandent une voiture de fonction…

– Ouvrez cette porte, l'interrompt Roger.

– Vous êtes sûr que… balbutie Max, manifestement terrifié, tremblant de la tête aux pieds. Oh mon Dieu, non ! Pas lui ! Faites qu'il soit mort !

Deux ouvriers en bleu de travail armés d'un poste à souder se mettent en devoir de découper l'acier blindé, le visage couvert de masques en verre fumé. Pendant ce temps, Roger parlemente avec les vigiles affectés à la garde du prisonnier.

Deux escouades, vingt-quatre heures sur vingt-quatre, ce qui représente soixante salariés à plein temps.

– À quoi allons nous servir, à présent ? se désole leur officier.

– Ne vous inquiétez pas, le rassure Roger. Nous allons vous affecter à des tâches *vraiment* utiles.

– Vous voulez dire que toutes ces années passées à monter la garde… nous étions inutiles ?

Roger félicite les hommes pour le travail accompli et leur explique qu'ils vont recevoir une formation qui leur permettra d'évoluer dans l'entreprise.

– Mais nous ne souhaitons pas évoluer, Monsieur, proteste l'officier. Notre métier, c'est la sécurité. Nous en sommes fiers.

« Seigneur, se dit Roger, je ne vais tout de même pas me retrouver avec un plan social de gardiens sur les bras ! »

Il est interrompu dans ses réflexions moroses sur la difficulté à changer par la chute de la porte métallique. Sur le seuil, se tient une version plus jeune de lui-même, les cheveux mi-longs, le teint bronzé, les dents blanches. Vêtu d'un costume Francesco Smalto, sa chemise impeccablement repassée, rose pâle, s'harmonise avec la soie pourpre de sa cravate Hermès décorée de faisans. Les chaussures parfaitement cirées, il cligne un peu des yeux dans la lumière, puis tend une main manucurée et déclare d'une voix aux inflexions mélodieuses :

– Hello everybody ! Je me présente : Charlie Rodgers, directeur commercial. Vous en avez mis, du temps, à me retrouver ! J'ai failli attendre, comme disait l'autre. Ha ha. Mais tout cela, c'est du passé. Regardons devant. J'ai de grands projets pour cette boîte.

– Je vous l'avais bien dit, qu'il était dangereux, grince Max de la Rogière en fusillant du regard le nouvel arrivant.

– Hey Max ! C'est bien toi, vieil escroc ? Toujours aussi coincé, apparemment. Ha ha.

Un peu à l'écart, son portable à l'oreille, Roger se masse la racine du nez.

– Ils sont tous comme ça ?

– Eh oui, répond la voix du coach. Ça fait un choc, hein ?

– Je me demande si je ne vais pas le faire renfermer illico.

– N'en faites rien ! Plus ils vous énervent, plus c'est le signe qu'ils sont précieux.

– Eh bien à ce compte-là, conclut Roger, c'est *vous* qui devez être *très* précieux.

Et lui raccrochant au nez, il rejoint les autres. Trois solides syndicalistes retiennent Max de la Rogière qui, apparemment, a tenté de se jeter sur Rodgers. Ce dernier, parfaitement à l'aise, est en train de faire le récit de sa captivité :

– J'étais censé être complètement isolé, raconte -t-il en se passant un peigne dans les cheveux, mais je suis un homme plein de ressources. J'ai donc développé mes propres réseaux de façon à influencer le cours des choses depuis ma cellule. Dès qu'il était fatigué, je lui envoyais des brûlures d'estomac, ou bien le sentiment qu'il n'allait jamais arriver à rien. Sans me vanter, j'ai réussi quelques coups fumants dont je ne suis pas trop mécontent…

– Il y en a d'autres ? l'interrompt Roger avant que Max ne fasse une crise d'apoplexie.

– Vous êtes le nouveau boss ? demande Charlie Rodgers avec un sourire étincelant et un clin d'œil. Serrez m'en cinq, je sens que nous allons faire du bon boulot ensemble… vous n'auriez pas un petit havane, par hasard ?

Rogos désigne deux autres portes blindées, un peu plus loin dans le couloir. Après avoir écarté les nombreux gardiens qui faisaient mine de s'interposer, le petit groupe fait sauter la première porte, qui livre passage à une version ultra jeune de Roger, en pantalon de cuir et baskets, un anneau d'or à l'oreille gauche, les yeux dissimulés derrière des lunettes aux verres bleus.

– Yo ! Vous arrivez juste à temps pour le lancement de notre nouvelle campagne de pub. On va créer l'événement, je le sens à fond, ce coup-là, coco ! Est-ce que les caméras sont là ?

– C'est Ger-Ro, le directeur de la communication, souffle Rogos à l'oreille de Roger, en faisant une petite grimace. Mais du temps où il était en activité, tout le monde l'appelait « Géronimo », ajoute-t-il.

L'intéressé ne semble pas surpris d'avoir été libéré.

– De toute façon, explique -t-il d'un ton malicieux, je passais mon temps à m'évader. Maxou me croyait bien au chaud dans ma cellule, entouré de féroces légionnaires, mais j'avais creusé un tunnel qui débouchait dans son bureau. Dès qu'il avait le dos tourné, je mélangeais tous ses dossiers, je modifiais ses notes de service pour qu'elles veuillent dire exactement le contraire de ce qu'il y avait mis…

– Petit salopard ! s'exclame Max de la Rogière.

– … je passais des tas de coups de fil en me faisant passer pour lui. Il faut dire que l'agit-prop, c'est mon domaine !

Charlie Rogers semble vexé que le nouvel arrivant lui vole la vedette. Ne voulant pas demeurer en reste, il surenchérit :

– Moi, une ou deux fois, j'ai carrément pris le pouvoir dans la boîte. Je me suis fait passer pour Max. J'ai lancé plein de plans d'action pour reconquérir des parts de marché. Mais manque de pot, il est revenu et j'ai dû retourner en prison. Dommage, soupire-t-il avec nostalgie, j'aimais bien tenir les manettes de l'entreprise.

Les deux cellules suivantes libèrent un directeur de l'organisation et des systèmes d'information nommé Rogiciel, puis un DRH qui se présente comme : « Rogentil, c'est très sympathique à vous tous d'être venus m'accueillir. » Au fur et à mesure que les nouveaux venus viennent enrichir leur petit groupe, l'humeur de Max de la Rogière descend un étage supplémentaire.

– Dire que j'avais mis des années à les enfermer. Et vous, en dix minutes, vous ouvrez toutes les portes.

La dernière cellule

– Tout le monde est là ? demande Roger à la cantonade. Il ne reste plus personne à délivrer ?

Un silence embarrassé suit sa question. Des regards gênés sont échangés au sein du groupe.

– Il y aurait bien quelqu'un d'autre… hésite Rogos.

– … Mais celui-ci, il n'est pas question de le libérer ! s'oppose Max d'un ton catégorique.

– Oh, croyez moi, cet oiseau-là, il est aussi bien dans sa cage ! confirme Rodgers.

– C'est triste à dire, mais personne n'a vraiment envie de le revoir, résume Rogentil.

Roger sent la moutarde lui chatouiller les sinus.

– Pour des gens qui sortent tout juste de prison, lance -t-il, je trouve que vous faites peu de cas de la liberté d'autrui !

Nouveau trajet dans des couloirs souterrains éclairés d'ampoules nues, ascenseurs blindés qui les amènent encore plus loin dans les sous-sols de l'entreprise, échelles de métal aux barreaux rouillés. Ils finissent par arriver devant un cube de béton armé, marqué de coulures de rouille comme un vieux blockhaus émergeant d'une dune.

– Où est la porte ? demande Roger.

– Il n'y en a pas ! répond Max d'une voix hystérique. Nous sommes tous d'accord là-dessus. Pas de porte, pas de sortie possible. Allez, on s'en va.

– Faites venir des marteaux piqueurs et des meuleuses, ordonne Roger.

Le temps que quelqu'un remonte chercher le matériel, fasse tout le chemin de retour, et que deux ouvriers coiffés de casques se mettent à travailler dans un vacarme épouvantable, soulevant des nuages de poussière dont Charlie se plaint qu'ils risquent de salir son costume, Roger a pu constater que l'opposition à l'ouverture de cette cellule est unanime. Même Rogos, son allié depuis le début, ne se montre pas très enthousiaste.

Finalement, un pan de mur s'effondre et un trou apparaît entre les blocs de béton hérissés d'armatures rouillées. La poussière retombe peu à peu, mais personne ne sort par l'ouverture. Voyant les mines terrifiées de ses compagnons, Roger enlève sa veste et se glisse à l'intérieur. Au début, il n'y voit rien. Puis ses yeux s'habituent à l'obscurité et il distingue une silhouette assise sur le sol dans le coin le plus éloigné. S'approchant, il découvre encore un de ses « clones », d'une maigreur extrême, les joues creuses, le regard brillant d'une flamme intérieure.

Vêtu d'un simple pagne, il est assis dans la position du lotus, un sourire serein flottant sur ses lèvres.

– Bonjour, dit Roger. Quel est votre nom ?

La voix du jeune homme est douce et mélodieuse, marquée d'une pointe d'accent.

– Je n'ai pas de nom. Je suis juste l'Ingénieur.

Roger s'approche encore, le dos courbé. À présent, son regard est accoutumé à la pénombre. Soudain, son cœur rate un battement. Il balbutie :

– Mais vous êtes… vous êtes…

– Oui, je suis arabe. Est-ce que ça pose un problème ?

DÉBRIEFING : COMMENT LIBÉRER LE POTENTIEL CRÉATIF DE TOUTES NOS SOUS-PERSONNALITÉS

Ce chapitre nous permet d'assister à l'entrée en scène et à la libération des sous-personnalités réprimées[1] de Roger Sfax. Rappelons brièvement comment ces sous-personnalités s'intègrent dans notre dynamique psychologique.

Comme nous l'avons vu dans les chapitres précédents, notre personnalité n'est pas monolithique : elle est composite. C'est le résultat de l'action simultanée, et parfois conflictuelle, de plusieurs sous-personnalités qui se combinent en nous pour influencer notre comportement, agissant sur la façon dont nous raisonnons, chacune essayant de nous convaincre d'adopter son point de vue, ses priorités, et sa représentation du monde.

1. Hal et Sidra Stone, dans leurs ouvrages, parlent de sous-personnalités « reniées ». A ce terme, je préfère celui de « réprimées » qui d'une part, traduit mieux selon moi la présence et l'action permanentes souterraines de ces parties de nous-mêmes, et d'autre part, introduit l'idée de la pression dynamique qu'il nous faut exercer sans cesse sur elles pour les maintenir hors du champ de notre conscience. Cette pression a un coût énergétique élevé (gardiens) et s'émousse en cas de fatigue ou de stress, notre énergie étant absente, ou totalement investie dans la réponse immédiate et soutenue à la situation stressante. Dans ces moments là, notre « répression » perd de son efficacité et nos petits prisonniers en profitent pour tenter – et réussir– des percées.

Nous avons fabriqué ces sous-personnalités (qui sont, rappelons-le, des systèmes de comportement autonomes) au cours de notre histoire, pour répondre aux exigences de notre environnement. Ces exigences étaient formulées par des personnes (parents, frères et sœurs, professeurs…), mais également par des situations parfois dramatiques (abandon, deuil, divorce, déportation…) auxquelles nous avons été confrontés avec nos ressources psychologiques de l'époque.

Ces systèmes de comportement nous ont permis de nous adapter et, parfois, de survivre psychologiquement. Ils se sont installés en nous sous une forme que l'on peut comparer à celle de petites personnes autonomes qui mènent leur existence à l'intérieur de la nôtre. Ces « petits moi » travaillent, se manifestent, s'aiment ou se détestent : ils composent le théâtre de notre entreprise intérieure.

Jusqu'à présent, nous avions rencontré deux catégories particulières de sous-personnalités : les sous-personnalités dominantes et les actionnaires. Ces derniers contiennent l'immense variété des ambitions que nous n'avons pas réalisées et des comportements que nous n'avons pas eu l'occasion de développer. Les sous-personnalités dominantes comme Max de la Rogière sont des parties de nous qui ont pris le pouvoir sur notre vie. À une certaine époque, ces comportements nous étaient très utiles[1]. Mais une fois installés au pouvoir, ils ont continué à manager l'entreprise toujours en fonction des mêmes critères, l'empêchant d'évoluer pour s'adapter aux nouvelles conditions de l'environnement.

Mais cette prise de pouvoir a un prix ; elle ne se fait pas sans un énorme sacrifice. Ce sacrifice, c'est celui d'autres parties de nous-mêmes : celles qui du point de vue de la sous-personnalité dominante, étaient jugées soit dangereuses, soit inacceptables. Aussi, progressivement, la sous-personnalité

1. Ainsi, Max de la Rogière a été fabriqué pour aider Roger Sfax enfant à se débrouiller tout seul, à se montrer dur et inflexible, à ne pas se laisser déborder par ses émotions, à repérer les dangers, etc. Il a été réactivé par les difficultés professionnelles traversées par Roger Sfax devenu adulte.

dominante les a-t-elle écartées du système et emprisonnés dans des geôles souterraines d'où elles ne pouvaient pas essayer de prendre le pouvoir sur notre personnalité. D'autres, plus difficiles à enfermer, comme Rogos et les syndicats, ont été combattues sans relâche dans l'espoir de parvenir à les éliminer.

N'ayant pas le droit à la parole, nos sous-personnalités réprimées ont mis au point d'autres systèmes pour parvenir à se faire entendre. Elles peuvent nous envoyer des brûlures d'estomac ou des idées saugrenues, comme le fait Charlie Rodgers. Profitant des moments de stress ou de fatigue, elles s'expriment clandestinement sous des formes diverses : émotions inopportunes sans rapport apparent avec le contexte, comportements automatiques qui se déclenchent malgré nous, rêves, lapsus, angoisses, insomnies, somatisations diverses et variées… elles parviennent à nous empoisonner la vie pour se venger de n'être pas conviées à la table du comité de direction de notre entreprise intérieure, où elles auraient leur mot à dire.

Lorsque nous devenons capables de savoir laquelle de nos sous-personnalités réprimées nous envoie tel comportement ou tel blocage depuis sa prison, nous pouvons entrer en contact avec elle, entendre ce qu'elle cherche à nous dire, lui parler, la raisonner, négocier avec elle. Dès que nous sommes d'accord pour écouter ce qu'elle a à nous dire, elle n'a plus besoin d'emprunter des formes détournées.

Mais il faut au préalable que nos sous-personnalités dominantes acceptent de les regarder en face et de les laisser accéder à la lumière, ce qui n'est pas une mince affaire. Tel est l'enjeu de la visite de Roger Sfax dans les souterrains des Établissements Roger Sfax SA.

Comment reconnaître nos sous-personnalités réprimées ?

Nos sous-personnalités réprimées correspondent à des parties de nous-mêmes que nous ne voulons pas, ou ne pouvons pas accepter. Alors que les actionnaires restent dans des sortes de limbes, développements virtuels de nous-mêmes, sans provoquer de souffrances ou de perturbations particulières, le fait de réprimer certaines de nos composantes consomme une énergie considérable (les gardiens affectés à leur surveillance, que l'on pourrait recycler avec profit dans des tâches créatives) et nous prive d'une partie de nos talents.

Pour repérer nos sous-personnalités, il existe un bon marqueur qui est celui de nos relations avec autrui. Une personne que nous venons de rencontrer nous agace instantanément ? Nous ressentons pour elle une vive antipathie sans raison apparente ? Il est probable que nous voyons s'exprimer clairement chez elle l'une de nos sous-personnalités réprimées et que notre sous-personnalité dominante nous envoie force signaux d'alarme, sous forme d'aversion. De même, lorsqu'une personne nous fascine et que nous l'admirons, c'est souvent que nous voyons chez elle se manifester en liberté l'une de nos propres sous-personnalités reniées et que cette dernière soupire dans sa prison à l'intérieur de nous-même après la liberté et le droit de se montrer dont sa « sœur » bénéficie chez l'autre.

Ces phénomènes ce rencontrent dans certains couples, où chacun des partenaires « porte » les parties de personnalité réprimées de l'autre et se voit déléguer la mission de les faire exister, leur expression nourrissant indirectement la partie correspondante, interdite d'existence chez l'autre.

Comment libérer vos sous-personnalités réprimées

La première étape consiste à travailler la main dans la main avec vos sous-personnalités dominantes. Ne surtout pas les rejeter pour en faire à leur tour un objet de mépris ou de ressentiment. Il est en effet fréquent de ressentir une forte colère envers une sous-personnalité dominante, lorsqu'on réalise le mal qu'elle nous a fait involontairement et les erreurs qu'elle nous a fait commettre. C'est l'erreur qu'aurait commise Roger Sfax en laissant l'assemblée générale de ses actionnaires se débarrasser de Max de la Rogière et lui ôter tout pouvoir.

Il est important de comprendre qu'une sous-personnalité dominante a toujours de bonnes raisons d'être là, que c'est nous qui l'y avons placée, comme il est essentiel de ne pas confondre la rééquilibrer avec la combattre. Il faut, au contraire, obtenir sa confiance et sa coopération. *La clé est dans l'acceptation* ; lui déclarer une guerre punitive reviendrait à amputer à nouveau votre personnalité d'une de ses forces vives, qui plus est une force vive qui a régné sur vous pendant des années, créant des habitudes, des comportements réflexes, une certaine image de vous dans votre entourage et certaines attentes comportementales des autres à votre égard. Essayer de vivre sans sa sous-personnalité dominante revient à offrir le poste sur un plateau à une autre partie de notre personnalité. Les gens à qui cela arrive changent du tout au tout pendant une période (leur entourage dit qu'ils « pètent les plombs »), puis reviennent au bout d'un moment à leur ancienne façon d'être, encore plus affirmée (leur entourage dit : « chassez le naturel, il revient au galop ! »), signe que la sous-personnalité dominante chassée du pouvoir a réussi un putsch.

Il est donc essentiel de maintenir à son poste Max de la Rogière avant de libérer les autres membres du Comité de Direction. Il est également très important qu'il accepte de participer à cette libération, même au prix d'une certaine angoisse et mauvaise humeur. Car tout ce qui est accompli dans le forçage, contre votre sous-personnalité dominante, serait vécu par elle comme un danger insupportable, danger contre lequel elle mobiliserait toute votre énergie, mettant votre tentative en échec par divers mécanismes[1]. Il faut donc s'attendre à une certaine résistance de sa part. La seule façon de la surmonter est de vous montrer sincèrement conscient de la valeur de votre sous-personnalité dominante, de tout le mal qu'elle se donne pour votre entreprise intérieure, de ses réelles qualités de dirigeant. Tant que vous n'aurez pas accepté avec gratitude et bonne foi la valeur ajoutée de votre (ou de vos)

1. L'« accident bête » est l'une des tactiques les plus courantes. A la veille de passer un entretien important, qui pourrait déboucher sur un poste où une sous-personnalité réprimée d'Ambitieux va pouvoir se mettre à exister, Jean-Marc se casse trois côtes en tombant dans sa salle de sport. A chaque fois qu'elle se sent en situation d'échec et que sa sous-personnalité Petite Fille Perdue risque de sortir, Mélanie tombe dans son escalier, ou dans la rue, et se déplace des vertèbres.

sous-personnalité dominante, si au fond de votre cœur, vous lui gardez rancune et ressentiment, il vous sera impossible d'aller plus loin. Vous resterez bloqué à cette étape jusqu'à ce que vous soyez capable de changer votre regard sur elle et de lui accorder votre confiance. Une confiance qui ne doit pas vous empêcher de lui fixer des limites, et de faire évoluer sa façon de manager votre entreprise.

Pourquoi souffrons-nous lorsqu'elles sortent ?

Lors de l'ouverture des portes des cellules, nous voyons Max de la Rogière, hors de lui, essayer de se jeter sur leurs occupants. Lorsque nous entrebâillons la porte qui retient prisonnière l'une de nos sous-personnalités réprimées, ne serait-ce que l'espace d'une seconde, il se produit en nous une forte remontée d'émotions négatives : dégoût, culpabilité, peur, tristesse. Cette bouffée d'émotions n'est pas provoquée, comme on pourrait le croire à première vue, par la libération des sous-personnalités enfermées, mais par la réaction des sous-personnalités dominantes à leur contact. Il convient donc de rassurer ces dernières en insistant sur le caractère limité et réversible de l'expérience, et sur le fait qu'elles ne perdront pas leurs prérogatives. Attribuer les remontées d'émotions aux seules sous-personnalités réprimées reviendrait à justifier le fait qu'elles restent enfermées, au motif que leur présence provoque des manifestations désagréables.

Apprenez à apprivoiser ces sensations en les laissant vous traverser au lieu d'essayer de lutter contre elles. Vous constaterez qu'au bout de quelques minutes, elles s'estompent et deviennent beaucoup plus supportables. Surtout si vous tournez votre regard intérieur vers leur véritable cause : l'angoisse de vos sous-personnalités dominantes qui redoutent de perdre le contrôle et de voir les bannis si longtemps mis à l'écart envahir brutalement tout le territoire de l'entreprise.

Mais les laisser sortir volontairement, c'est l'assurance qu'elles cessent de manœuvrer clandestinement pour se faire entendre malgré nous.

Nos sous-personnalités réprimées s'évadent tout le temps de leur prison

Car il est intéressant de voir, à travers les récits de Charlie et de Géronimo, comment nos sous-personnalités réprimées s'arrangent pour influencer clandestinement notre comportement, et le point auquel il est illusoire d'imaginer que nous pouvons nous en débarrasser. Leurs stratégies pour se manifester dans notre vie et prendre les commandes de notre personnalité à notre insu sont au nombre de deux :

✓ *L'infiltration* (pratiquée par Géronimo) consiste à modifier à notre insu nos perceptions et nos raisonnements, de façon à nous faire réagir dans le sens qui les arrange. Comme notre sous-personnalité dominante ne se rend pas compte qu'une sous-personnalité réprimée est en train de manipuler les données – la croyant enfermée sous bonne garde, elle ne s'en méfie plus – elle est très vulnérable à des informations et à des émotions dont elle ne situe pas la provenance, et qu'elle croit venir d'elle-même, sans être capable de bien se les expliquer.

✓ Le *putsch* (pratiqué une ou deux fois par Charlie) vise pour sa part à profiter d'une période de stress ou de fatigue pour s'emparer des commandes. Vu de l'extérieur, l'individu semble changer totalement de comportement par rapport à son mode de fonctionnement habituel. Au cours d'une période qui peut aller de quelques minutes à plusieurs mois, la sous-personnalité dominante est partiellement ou totalement mise hors circuit, elle lutte pour reprendre le contrôle de la personnalité et n'y parvient pas toujours, ou alors au prix de gros conflits intérieurs et d'une dépense d'énergie considérable.

Nos sous-personnalités réprimées utilisent d'ailleurs généralement une combinaison de ces deux stratégies pour influer en permanence et dans l'ombre sur notre comportement. Là où nous avons l'impression d'agir de façon rationnelle et cohérente, du moins c'est l'histoire que nous nous racontons, nous flottons donc sur un océan de courants émotionnels, au gré des vagues, ce qui peut nous rendre inefficaces, voire dangereux pour les autres.

La seule voie de sortie de cette situation est celle dans laquelle s'est engagé Roger Sfax : faire en sorte que les sous-personnalités réprimées aient le droit de s'exprimer et d'agir au rand jour, et qu'elles soient obligées en contrepartie de prendre la responsabilité de leurs actes.

Ceci permet d'amorcer un dialogue entre toutes les facettes de notre prisme intérieur et de prendre nos décisions dans la conscience claire, ni dominés aveuglément par les uns, ni manipulés en sous-main par les autres, mais autant que faire se peut, en toute connaissance de cause et après un débat contradictoire où chaque partie de nous a pu se faire entendre.

Quel est le rôle de l'Ingénieur ?

Plus une sous-personnalité porte des caractéristiques qui nous embarrassent et que nous jugeons inacceptables, plus nous l'enfermons solidement.

C'est le cas de l'Ingénieur, dont l'évocation provoque de la répugnance même chez les autres sous-personnalités réprimées, dont les cellules possèdent tout de même une porte.

Charlie, Géronimo, Rogiciel, Rogentil : autant de composantes psychologiques et de systèmes de comportement qui ont été mis à l'écart par Roger, sous l'influence tyrannique de Max, qui a su le gagner à sa façon de voir, c'est-à-dire à lui faire croire que chacune de ces options comportementales l'exposait à un risque important.

Par contre, l'Ingénieur représente un cran de plus dans l'exclusion, manifesté par le fait qu'il n'a pas de nom et qu'il soit quasiment noyé dans le béton. Ceci pour montrer que si certains de nos traits de caractère nous gênent, nous rejetons encore plus fortement les parties de notre personnalité qui « portent » des traumatismes infantiles ou des secrets de famille. Ici, le secret a trait aux origines, et Roger doit le revisiter, pénétrant au cœur de la muraille dont il l'a entouré pour se confronter à lui, non sans une grande émotion.

Cependant, le jeu en vaut la chandelle, ceci pour plusieurs raisons

Quoique ces raisons s'interpénètrent et fonctionnent en synergie, nous pouvons les énumérer ainsi :

Premièrement, ce qui était dangereux à l'époque où nous l'avons enfermé est devenu inoffensif. Ce qui était grand quand nous étions petits est devenu *petit* maintenant que nous sommes grands. Mais nous n'avons aucune chance de nous en apercevoir, si nous ne nous y confrontons jamais, un panneau clignotant « Danger de mort » nous dissuadant à chaque fois de nous approcher du mur.

Deuxièmement, en effet, les enfermements les plus forts ont été effectués par nos soins très tôt dans notre vie, à une époque où, enfants fragiles et vulnérables, nous n'avions pas la ressource psychologique suffisante pour supporter certains événements, ceux qui mettaient en jeu certaines parties de nous-mêmes jugées « mauvaises » par notre entourage. L'enfant le plus jeune comprend parfaitement que des parties de lui sont indésirables et il a tendance à les enfermer, pour les remplacer par d'autres, qui lui attirent gratification et reconnaissance positive. Ainsi créons-nous notre système de sous-personnalités, enfermant des facettes de nous-mêmes et nous privant d'inestimables trésors intérieurs. Devenus adultes, nous serions parfaitement capables de surmonter psychologiquement ce qui nous aurait fait souffrir et abîmés alors. Mais c'est trop tard : dans tous ces souterrains barricadés et désaffectés, nous avons perdu la mémoire de ce que nous avons enfermé, la trace des parties de nous-même qui gémissent dans le noir.

Troisièmement enfin, et c'est le plus important, *plus une sous-personnalité est réprimée et plus elle est puissante.* Les parties de nous-mêmes que nous avons décidé de mettre au cachot sont en même temps d'importantes ressources d'énergie, d'intelligence, de créativité, de charme dont nous avons décidé de nous passer, convaincus qu'il peut être dangereux, ou mal élevé, ou détestable, d'être créatif, charmant, ou intelligent[1].

C'est donc un trésor qui dort à l'intérieur de chacun d'entre nous et qui, tel la Belle au bois dormant (un joli conte qui, comme la plupart des contes, parle de nos sous-personnalités),

---

1. Si, par exemple, cela aboutit à nous mettre en concurrence avec un de nos parents, ou avec un frère aîné moins bien loti, dont on brûle de se faire aimer.

n'attend qu'un petit baiser pour s'éveiller. Dès lors, nos ex sous-personnalités réprimées pourront exprimer leur soif d'exister et d'être acceptées autrement que sous des formes négatives, clandestines et perturbantes.

Percer les murailles de béton est néanmoins un chemin long et difficile. Il faut du temps et de la volonté pour refaire connaissance avec soi-même, après s'être perdu de vue pendant si longtemps. Mais si la volonté de regarder à l'intérieur de vous-même est réelle, le travail se fera, à travers l'écriture, l'analyse, le rêve, l'oreille affinée pour entendre ce dialogue permanent qui se déroule dans votre tête, comme si votre cerveau se parlait sans arrêt à lui-même.

Les sous-personnalités réprimées ne sont pas des anges

Dès lors, il vous deviendra possible de descendre dans les souterrains pour ouvrir les portes des cellules. Ne vous attendez cependant pas à en voir sortir de petits anges avec des ailes dans le dos, qui ne demandent qu'à rejoindre sagement la salle du conseil. Ces sous-personnalités enfermées sont souvent caricaturales, exagérées, égoïstes, inquiétantes, hâbleuses comme Charlie Rodgers, commercial archétypique qui hérisse instantanément le poil de Roger.

Votre objectif consistera à faire en sorte que chacune de ces sous-personnalités apporte sa pierre à l'édifice, un édifice dont vous serez – enfin – l'architecte. Car chacun des « petits moi » dont vous ouvrez la cellule se tient sur le seuil avec appréhension, brûlant, sous ses airs bravaches, de vous apporter sa collaboration et de se mettre au travail. Pour peu que vous sachiez l'accueillir et l'honorer, conscient de la chance qui est la vôtre de posséder à l'intérieur de votre personnalité de si grandes richesses.

Il vous faudra certainement aussi modérer leurs ardeurs, avec indulgence, car chacun dans son genre, ils sont aussi excessifs et aussi partiaux que Max de la Rogière. L'équilibre viendra de votre capacité à rester au-dessus de la mêlée, prenant un peu de chacun et l'utilisant pour les missions qui correspondent le mieux à ses compétences. En d'autres termes, en agissant en véritable « PDG de vous-même ». Car à l'instar du management d'une entreprise, le bon management de soi-même consiste à rechercher en permanence un équilibre entre :

✓ l'écoute de ce que chaque partie de nous-même a à nous dire,

✓ la sélection et la mise en responsabilité de la sous-personnalité la plus apte à gérer la situation à laquelle vous êtes confronté,

✓ la capacité d'obtenir l'accord et la neutralité de toutes les autres sous-personnalités, qui se jugent toujours plus compétentes qu'elle.

✓ la prise de décision et l'explication de notre décision à nos différentes sous-personnalités.

✓ la tolérance qui nous permet de laisser s'exprimer leur frustration, de l'entendre, de la respecter, puis de les rassurer en leur montrant la situation sous un angle acceptable pour elles.

En un mot, agir comme un bon Président. Ce qui ne va pas sans une période d'apprentissage… pour vous et pour votre Comité de Direction intérieur. Le voici à présent réuni, au complet. Le prochain chapitre vous montrera comment le faire fonctionner.

Exercices

Avez-vous déjà expérimenté des émotions parasites ou des comportements automatiques (et navrants !) envoyés par certaines de vos sous-personnalités réprimées ? Rédigez en deux ou trois. Est-ce que ce sont les mêmes qui reviennent fréquemment, comme obéissant à un scénario ?

Avez-vous déjà ressenti une forte animosité sans aucune raison pour une personne que vous veniez de rencontrer ? Essayer de découvrir ce qui vous gênait en elle, ou plus exactement : quelle sous partie de vous elle venait déranger. Que faisait-elle ou disait-elle que vous n'auriez en aucun cas pu dire ou faire ?

Choisissez une personne que vous admirez, et essayez de distinguer quelle est en vous la sous-personnalité qui admire cette personne. S'agit-il d'une dominante, parfaitement en harmonie avec ce qu'exprime et représente la personne admirée ? Ou d'une envieuse, qui aimerait bien lui ressembler ?

Écrivez une lettre à votre sous-personnalité dominante pour lui demander de vous laisser libérer une de vos sous-personnalités réprimées. Plaidez sa cause, montrez qu'elle ne constitue pas un danger, et ce qu'elle va pouvoir apporter. Répondez aux objections de votre sous-personnalité dominante.

Allô Jeanine !

« Jeanine ? C'est Eva. Tu vas bien ? Moi c'est bof, en ce moment. Oui, toujours Roger. Le médecin trouve qu'il va beaucoup mieux. Il lui a presque arrêté le Prozac. Mais moi, je trouve que ça ne va pas du tout. J'ai l'impression qu'il perd complètement les pédales. D'abord, il ne cherche même pas de boulot. Moi, à sa place, j'enverrais des CV à la terre entière.

Tu te rends compte, chômeur à son âge ! Je ne le lui dis pas, mais je pense qu'il ne retrouvera jamais. Il a rencontré un conseiller de l'ANPE, qui lui a dit exactement la même chose. Avec la crise, et tout ça… Et puis il a dit que Roger était un "multi spécialiste sans émergence". Aucune idée de ce que ça veut dire. Je suppose que ça signifie qu'il ne sait rien faire, mais dans tout un tas de domaines. Eh bien figure-toi que ça n'a pas l'air de le perturber le moins du monde. Franchement, je ne le reconnais plus. Tu sais ce qu'il fait ? Je te le donne en mille : il prend des cours de pilotage. Non, non… sur un petit coucou. Mais enfin, quand même, c'est hyper dangereux. Et puis ce n'est pas donné… dans la situation actuelle, il y a peut-être mieux à faire qu'à jeter l'argent pas les fenêtres. Et tu sais ce qu'il me répond, quand je lui en fais le reproche ? Qu'il est occupé à "mettre de l'ordre en lui-même". Et qu'on verra après. À midi, il rentrait de son cours, il a même ajouté : "Je trouve ça bien que les gars aient une chance de voler, une fois dans leur vie." Je ne le comprends plus. Et ce n'est pas tout. L'après-midi, il prend la voiture et il va à Lacanau, marcher seul dans les dunes pendant des heures. Il s'est acheté un ordinateur portable, qui se connecte sans fil à Internet depuis n'importe où. Il l'emmène partout avec lui. Je me demande s'il ne regarde pas des sites pornos…

Et tu ne connais pas la meilleure ? Jeudi dernier, à *Envoyé Spécial*, il y avait ce reportage sur les bébés abandonnés, en Algérie. Eh bien tu ne vas pas me croire, mais à un moment, je me retourne, et qu'est-ce que je vois ? Mon Roger en train de verser de grosses larmes. Lui qui a tellement horreur de la sensiblerie et des pleurnicheurs. Et ce n'est pas tout, il a envoyé 3 000 balles, enfin, en euros, à l'association qui s'en occupe. Tu te rends compte ? Dans sa situation ! Je lui ai dit qu'il dépassait un tout petit peu les bornes, il me répond tranquillement : "Bah, c'est important de s'occuper des bébés. Et puis n'oublie pas que je suis un peu arabe, moi aussi, par mon grand-père." Alors là, ça m'a sciée. Il y a encore trois mois, il se fâchait tout rouge si l'on faisait la moindre petite allusion à ses origines. Ah, je t'assure, je suis bien à plaindre, avec un mari qui est en train de devenir fou. J'ai lu un article dans *Marie-Claire* sur " la spirale infernale de l'exclusion". Eh bien entre nous, Jeanine, sérieusement, je me demande si on ne va pas finir SDF… »

9

LE COMITÉ DE DIRECTION DES ÉTABLISSEMENTS ROGER SFAX S'ÉLARGIT

EXCÉDÉ, ROGER CLAQUE LA PORTE de la salle de réunion et sort dans le couloir du poste de commande. Le bruit des travaux de rénovation, dont l'un des chantiers est le percement de grandes baies vitrées pour laisser rentrer à flots la lumière du jour, fait vibrer le bâtiment à intervalles réguliers. Mais ce vacarme n'est rien, comparé à celui de la dispute homérique qui fait trembler les murs de la salle de réunion depuis le début de ce comité de direction d'un nouveau genre, réunissant pour la première fois tous les directeurs des Établissements Roger Sfax SA.

Rogentil, le DRH, a beau tenter en permanence de calmer le jeu en gémissant : « Messieurs, Messieurs, ce n'est pas très civilisé de se quereller et de se traiter de noms d'oiseaux ! », chacun défend ses positions bec et ongles et invective les autres avec colère. Les insultes pleuvent. Roger avait imaginé une tout autre ambiance, se persuadant que le fait d'avoir libéré les directeurs emprisonnés et de les avoir réhabilités allait donner naissance à un dialogue fécond, placé sous le signe de la tolérance et de la coopération. Pas à ce combat de chiffonniers.

À plusieurs reprises, les quelques Casques Bleus encore présents sur le site ont eu un mouvement pour s'interposer, mais à chaque fois, Roger leur a fait signe que ce n'était pas nécessaire… du moins pas encore.

Seul l'Ingénieur, assis dans un coin en position du lotus, sur la moquette, sans se départir de son éternel sourire lointain, ne participe pas à cette empoignade. C'est encore pire, se dit Roger. C'est comme s'il s'abstrayait de la situation et regardait les autres s'agiter, avec une expression navrée et mélancolique. Les efforts de Roger pour ramener un peu d'ordre dans le débat et faire entendre son opinion n'ont eu aucun effet. Au contraire, il a eu l'impression de jeter de l'huile sur le feu. Ainsi, sentant monter en lui une colère dévastatrice, a-t-il décidé de consulter son coach sur ce qu'il convient de faire. Mais son départ n'a pas calmé les choses, bien au contraire. De l'autre côté de la porte, les échos d'une vibrante dispute lui parviennent. Apparemment, Charlie Rodgers traite Max de la Rogière de « petit rat mesquin et étriqué », tandis que ce dernier réplique en le qualifiant de « babouin primaire et vantard » (il n'a pas tout à fait tort, s'entend penser Roger, immédiatement honteux de ce jugement peu impartial).

La voix du coach est toujours aussi joviale. Comme à chaque fois, depuis quelque temps, cette neutralité bienveillante qui plane au-dessus des problèmes sans s'impliquer, cette façon de donner des pistes sans rien expliquer clairement, irrite Roger.

« Alors, Roger Sfax, comment se passe ce premier comité de direction ?

– C'est encore pire que ce que je craignais, répond sombrement Roger. Ça ne fonctionne pas. Je n'y arrive pas. Point barre.

– Ah, vous aviez imaginé une classe de bons élèves levant le doigt pour demander la parole et ne s'exprimant qu'en termes fleuris ? ironise le coach.

– Quelque chose dans ce genre-là, oui, avoue Roger en s'affalant dans un canapé du hall d'entrée. En tout cas, pas cette explosion de haine aveugle d'où il ne ressort rien de positif.

– Comment savez-vous qu'il n'en ressort rien de positif ? demande le coach.

– Ah, ne commencez pas à m'énerver avec vos devinettes ! Je le sais parce que la violence ne mène *jamais* à rien, voilà tout.

– Détrompez-vous, Roger Sfax. Tant qu'elle s'exprime par des mots, la violence est non seulement inévitable, mais nécessaire. C'est la violence souterraine et non dite qui mine nos rapports avec nous-mêmes et avec les autres. L'agressivité qui s'exprime, la confrontation sont comme l'orage qui purifie l'atmosphère et fertilise les champs…

– … amusante, votre métaphore, ironise Roger. On voit bien que ce n'est pas vous qui devez gérer cette réunion de fous furieux qui menacent de s'étriper à tout moment.

– Effectivement, Roger Sfax, ce n'est pas moi. C'est vous. J'ajoute que vous me semblez plein de colère. Savez-vous contre qui ?

– Contre vous, Monsieur Je-Sais-Tout, avec vos images agricoles.

– …

– Bon, euh… peut-être aussi un petit peu contre moi, parce que je suis déçu.

– Regardons le côté positif, reprend le coach. Pour le moment, personne n'a étripé personne. Ils s'engueulent, mais ils se parlent. Tout ce qui vous reste à faire, c'est de trouver votre rôle et de le jouer.

– Et mon rôle, justement, quel est-il ?

– Ça, mon cher ami, je ne vous priverai pas du succès de le découvrir tout seul.

– Mettez-moi au moins sur la voie, implore Roger.

– D'accord : laissez l'avion s'équilibrer tout seul. N'empoignez pas le manche. Contentez-vous de vérifier le cap. »

Voilà qu'il lui donne un cours de pilotage, à présent ! Roger s'apprête à lui répliquer vertement, mais la communication s'est interrompue. Il se dirige vers la salle de réunion en maugréant. Ne pas empoigner le manche. Vérifier le cap. Foutaises !

Lorsqu'il ouvre la porte, c'est comme si on tournait brusquement le bouton d'un ampli. Les invectives lui sautent à la figure. Géronimo est pratiquement debout sur son siège, coiffé d'une casquette de base-ball, et il éructe :

« Moi, je vous dis qu'il faut faire immédiatement une grande campagne de relations publiques, redevenir des stars internationales dans notre secteur.

– Idée stupide issue d'un crâne de moineau, répond Rogos à l'autre bout de la table. Il est urgent de réunir le personnel et de voter une charte des droits élémentaires des syndicats à s'exprimer librement.

Charlie Rodgers, les pieds sur la table, éclate d'un rire tonitruant :

– Alors là, pépère, tu te fourres le doigt dans l'œil jusqu'au sacrum. Ce qu'il faut faire, je vais vous le dire, moi : il faut envoyer des commerciaux sur la route et trouver de nouveaux marchés. Pas de clients, pas d'entreprise. C'est aussi simple que ça. Tu comprends, Ducon ?

– Taisez-vous tous ! crie Rogiciel en tapant sur la table avec sa chaussure. Vous m'empêchez de réfléchir. Il faut reprendre les dossiers et analyser minutieusement toutes les données, avant de définir une stratégie.

– Monsieur Sfax, l'interpelle Max de la Rogière en se tordant les mains, ils sont en train de couler notre entreprise. Si on les laisse faire, nous pouvons mettre la clé sous la porte.

Tollé de protestations chez les autres.

– Ah, mais c'est qu'on a vu les résultats quand c'était toi qui dirigeais la boutique, se moque Charlie.

– Ouais, on était les rois du pétrole… et du lance-flammes, renchérit Géronimo.

– Messieurs, Messieurs, ce serait tout de même plus aimable de discuter courtoisement autour d'un verre, ne pensez-vous pas ? s'égosille Rogentil sans que personne ne l'écoute.

Seul, l'Ingénieur ne dit rien. Assis par terre, au fond de la pièce, il semble perdu dans ses pensées. Pris d'une impulsion, Roger, au lieu d'aller se réinstaller dans son fauteuil de cuir rembourré, tout au bout de la table, s'assied par terre, en face de lui, pose son menton sur son poing et capte son regard.

– Qu'est-ce que tu en penses, toi, de tout ça ? demande-t-il doucement tandis que les insultes volent dans tous les sens, comme des balles traçantes.

Le regard de l'Ingénieur s'anime, il semble revenir de lointains paysages intérieurs.

– C'est gentil de me demander mon avis, dit-il avec un sourire. Je réfléchissais depuis un bon moment, et je me demandais si vous alliez me parler.

– Mais pourquoi n'as-tu pas pris la parole, si tu avais quelque chose à dire ?

L'Ingénieur désigne les directeurs en train de s'agiter autour de la table de réunion.

– Prendre la parole ? répète -t-il avec ironie. J'ai comme l'impression que la parole est déjà prise. Et puis je ne parle que si l'on m'interroge.

– Bon, eh bien je te demande officiellement de me faire profiter de tes lumières.

– C'est un problème d'allumage, dit l'Ingénieur.

– Pardon ?

– Le moteur chauffe parce que l'allumage se fait de façon désordonnée, explique-t-il. La solution me semble être de monter un régulateur. Une sorte de circuit de feedback qui redresse le courant d'alimentation.

Roger réfléchit quelques instants à cette proposition. À première vue, du charabia. Mais aussi incompréhensible qu'elle puisse paraître, elle fait référence à des choses qu'il connaît, des notions techniques simples et solides. Un domaine dans lequel il s'est toujours senti chez lui. Les pistons, les soupapes, les diodes sont pour lui de vieux amis souriants qui ne l'ont jamais trahi. D'ailleurs, dans le temps, on lui prédisait une brillante carrière dans ce domaine. Il a même déposé plusieurs brevets. Oui, au monde fluctuant du comportement humain, il a toujours préféré la logique rugueuse et bienveillante des machines et des circuits.

– Un circuit de feedback, murmure-t-il en se levant et en se dirigeant vers la table où les directeurs continuent à se crêper le chignon. Il s'assied dans son fauteuil sans dire un mot et les dévisage lentement, les uns après les autres. Il leur sourit. En cet instant, il réalise qu'au-delà de leurs outrances et de leurs ridicules, chacun cherche sincèrement à se rendre utile. Ils n'arrivent pas être ensemble, voilà tout. Alors qu'il les regarde tour à tour, il est frappé par une évidence : sans savoir à quel moment précis c'est arrivé, il s'est mis à devenir capable de les aimer. Il doit y avoir quelque chose de spécial dans son regard à ce moment-là, car les directeurs se taisent les uns après les autres et se rassoient. Même Charlie Rodgers enlève ses pieds de la table et se redresse.

– Bon, dit Roger. On va reprendre les choses par le début. Première règle : chacun a le droit de s'exprimer trois minutes. Vous pouvez crier, hurler, insulter qui bon vous semble, mais pas plus de trois minutes.

– Et qu'est-ce qui nous arrive si on déborde ? demande Géronimo avec une expression de défi.

– Je demande aux Roginators de vous affecter quelques jours au déblayage des souterrains, à la reconstruction de l'unité émotionnelle, enfin bref à une mission où vous pourrez vous rendre vraiment utiles, répond Roger du tac au tac. Deuxième règle, personne n'a raison, personne n'a tort. Vous proposez, j'écoute tout le monde, je décide. Si vous préférez utiliser votre temps de parole pour danser la lambada au lieu de défendre votre point de vue, c'est votre droit. Je déciderai en fonction des propositions des autres.

Roger se lève et parcourt du regard les visages soudain devenus attentifs, respectueux, comme s'ils attendaient depuis longtemps d'entendre énoncer des règles et poser des limites. Il sent un afflux d'énergie dans son corps. Son cœur bat un peu plus vite.

– Troisième règle : nous sommes ici aujourd'hui pour définir les dix tâches prioritaires à entreprendre pour éviter la catastrophe. Tout le reste est hors sujet.

– Et quatrième règle, complète le DRH avec enthousiasme, tout le monde doit se parler gentiment et poliment.

– Vous venez de consommer dix secondes de votre temps de parole, répond calmement Roger. Et il n'y a que trois règles. »

Deux heures plus tard, Roger sort de la salle de réunion, épuisé mais satisfait

Des insultes et des prises de bec, il y en a encore eu. Mais les quelques règles strictes qu'il a imposées ont permis à cette bande d'individus disparates de devenir un groupe. Il a même vu des débuts d'alliances tactiques se mettre en place, je soutiendrai ton projet si tu soutiens le mien. Géronimo a frôlé à plusieurs reprises l'affectation aux travaux d'intérêt collectif car il perturbait le temps de parole de Max de la Rogière en faisant des grimaces et des bruits de bouche. Rogiciel n'est absolument pas parvenu à synthétiser en trois minutes ses blocs couverts de notes définissant l'ensemble des analyses et audits qu'il estimait urgents. Quant à l'Ingénieur, il n'a pas utilisé son temps de parole, se contentant de dire laconiquement : « Chaque moteur crée son carburant. »

Mais dans sa main, Roger serre précieusement, sur un petit bout de papier froissé, une liste, la liste des dix priorités élaborées en commun. Oui, pense-t-il tout faraud, on peut dire : « en commun ».

Les dix priorités des établissements Roger Sfax SA

1. Reconstruire l'unité émotionnelle avec les systèmes de sécurité appropriés.
2. Faire évoluer les produits de l'entreprise.
3. Trouver de nouveaux clients.
4. Apurer les vieilles dettes.
5. Faire évoluer l'image de la société pour la rendre plus conforme à ce qu'elle est en train de devenir.
6. Informer les salariés et permettre à chacun de formuler des propositions dans le respect des Trois Règles.
7. Réorganiser et moderniser le plan d'occupation et de circulation des bâtiments.
8. Rouvrir les centres de communication.
9. Réformer le système de traitement de l'information et de prise de décision de façon à rendre les réactions plus rapides et plus adaptées.
10. Tout ceci dans le respect d'une stricte orthodoxie budgétaire et sans mettre en péril la sécurité de l'entreprise.

... et 11. Chaque moteur crée son carburant.
(Cette dernière ligne ne constituait pas une priorité concrète mais, d'une part, il s'agissait de l'unique contribution de l'Ingénieur et Roger tenait à lui rendre hommage en l'intégrant dans le programme et, d'autre part, il aimait bien cette phrase, se sentant curieusement en harmonie avec elle comme si elle avait recelé une vérité très importante, dont il aurait perdu la clé depuis longtemps, mais qu'il devait absolument garder près de lui en permanence, comme un oiseau fragile.)

DÉBRIEFING : COMMENT FAIRE COOPÉRER TOUTES LES PARTIES DE NOTRE PERSONNALITÉ À UNE VISION ÉQUILIBRÉE DE NOTRE VIE

Deux éléments importants sont illustrés dans ce chapitre. D'une part, ce premier comité de direction réunissant toutes les sous-personnalités de Roger Sfax illustre la technique de dialogue intérieur qui vous permet d'enrichir votre perception de vous-même et de pratiquer un « management participatif » des situations.

D'autre part, ces six sous-personnalités anciennement réprimées et redevenues opérationnelles nous proposent une passerelle avec les types de personnalité de la Process Communication, une démarche de développement personnel puissante et souple, totalement compatible avec le modèle de l'entreprise intérieure[1]. Cependant, même si l'on retrouve de grandes constantes d'une personnalité à l'autre et qu'il est intéressant pour le professionnel de les mettre en lumière, la construction de notre appareil cognitif et comportemental dont nos sous-personnalités sont les acteurs est essentiellement le produit d'une histoire et de situations individuelles. Vos sous-personnalités ne sont donc pas les mêmes que les miennes, ni que celles de Roger Sfax, ni que celles de votre épouse ou de vos enfants, même si l'on peut en trouver des communes (expliquant notamment le phénomène d'ancrage relationnel dans le couple, décrit au chapitre précédent, où l'un des partenaires a pour mission d'exprimer une sous-personnalité réprimée de

1. En ce qui concerne ce second point, on trouvera dans les crédits techniques, à la fin de cet ouvrage, une présentation succincte de la Process Communication (ou Modèle PCM) et un tableau de correspondance des types de personnalité PCM avec les sous-personnalités de Roger Sfax. L'identification de sous-personnalités « packagées » dans votre entreprise intérieure, l'analyse fine de leurs caractéristiques autorisée par la précision du modèle PCM et l'exploitation du libre jeu d'alliances, d'associations et d'oppositions entre les sous-personnalités que propose le modèle de l'entreprise intérieure décrit dans cet ouvrage constitue une voie alternative intéressante à celle proposée ici. Cette alternative est bien adaptée, par exemple, à la formation en entreprise, au coaching, et permet à tout un chacun d'effectuer une première incursion dynamique dans son entreprise intérieure sans prendre le risque d'enlever trop de masques.

l'autre). Toutes les sous-personnalités ont un socle commun, qui est celui des besoins psychologiques d'un être humain et de leur confrontation avec les coins carrés de la réalité. Mais le résultat de cette confrontation varie en fonction des individus et des contextes particuliers. Les stratégies élaborées par chacun pour trouver un équilibre acceptable entre tous ces paramètres, et ces agrégats de stratégies que nous nommons sous-personnalités, vous sont essentiellement spécifiques.

Les conditions d'une réunion intérieure réussie

Réunir ses différentes sous-personnalités autour d'une table pour les faire dialoguer est un moment important. Nous avons pu voir que la sous-personnalité dominante risquait fatalement d'avoir quelques difficultés à accepter de laisser une place aux autres là où elle régnait naguère sans partage. Il est important de ne pas la trahir et de protéger en permanence sa place privilégiée. Rendez fréquemment hommage à ce qu'elle a fait pour vous par le passé : elle vous a sans doute sauvé la vie. Soyez conscient de ce qu'elle vous apporte aujourd'hui et des immenses qualités qu'elle vous confère. En effet, si votre sous-personnalité dominante doute de votre alliance avec elle et s'inquiète, il y a fort à parier qu'elle va tout verrouiller[1].

Il est donc capital d'y aller progressivement, et d'introduire des doses de dialogue graduelles dans votre entreprise intérieure. À l'image d'une société qui aurait été dirigée pendant des années par un autocrate paternaliste et qui entrerait brutalement dans l'ère du management participatif : il faudrait aider l'autocrate à s'adapter ; c'est l'une des missions du PDG de soi.

Deuxième constat : un comité de direction intérieur est toujours conflictuel. Notre équilibre n'est pas un état stable et statique, mais la résultante à peu près satisfaisante d'âpres négociations intérieures à l'issue desquelles l'ensemble des forces

1. Par exemple, vous persuader que cette démarche est un tissu d'âneries et que vous feriez mieux de ranger ce livre sur la plus haute étagère de votre bibliothèque et de vous remettre au boulot au lieu d'essayer de tailler une bavette avec de prétendues sous-personnalités réprimées.

antagonistes élabore, ou n'élabore pas, une plate-forme suffisamment consensuelle pour accepter un cessez-le-feu.

L'erreur commise d'emblée par Roger Sfax est de s'attendre à une réunion bien polie où chacun parle à ton tour dans une atmosphère scolaire. Or, notre psychisme est un lieu de désir, donc de violence, bien que nous nous plaisions à croire pour nous rassurer qu'il obéit à la raison. Arriver à rassembler autour d'une table les principaux protagonistes de notre personnalité est déjà un brillant succès. N'espérez pas de surcroît qu'ils vont faire un pique-nique ! Il faut apprendre à accepter qu'à l'intérieur, l'ambiance soit survoltée, même si vous êtes en surface un grand calme adepte du zen et ennemi de tout conflit. La violence intérieure est naturelle et créatrice, ne cherchez pas à l'étouffer et à écraser toute confrontation au motif que politesse et urbanité devraient régner sur terre. Par construction, en effet, vos sous-personnalités sont différentes et divergentes. Elles ressentent parfois les unes envers les autres une profonde animosité. Ce n'est pas de leur faute : c'est ainsi que vous les avez fabriquées.

La seconde erreur que commet Roger Sfax est d'essayer de contrôler le débat alors que le rôle du bon PDG de soi se limite simplement à le cadrer. Il ne s'agit surtout pas d'essayer de diriger le dialogue entre vos différentes sous-personnalités, mais de l'encourager, et de le réguler. Puis de prendre les décisions après avoir consulté tout le monde et de les mettre en application dans votre vie réelle.

Comment utiliser la technique du dialogue intérieur partiel

Mais même si Roger Sfax peut se rengorger d'avoir mené son premier comité de direction « élargi », dans votre vie courante, l'utilisation de cette technique met en œuvre la plupart du temps moins de protagonistes et vise des objectifs plus modestes qu'une réorientation globale de la personne. En voici quelques exemples :

✓ Confronté à une situation donnée, vous suspendez votre première réaction instinctive et vous prenez le temps de convoquer l'une de vous sous-personnalités opérationnelles pour lui demander son avis.

✓ Ayant à accomplir une tâche qui ne vous est pas familière ou agréable, vous convoquez une de vos sous-personnalités pour la lui déléguer. Charlie sera bien plus à l'aise que Max pour négocier le prix d'un téléviseur ou pour se faire des relations dans un cocktail.

✓ Lorsque vous vous sentez mal, stressé ou inhibé face à un interlocuteur, souvenez-vous d'interroger la partie de vous qui se sent mal pour comprendre ses raisons, puis dialoguez avec elle pour l'aider à supporter la situation. Accueillez le sentiment qu'elle vous envoie, puis rassurez-la en faisant valoir les aspects positifs de cette situation. En agissant de la sorte, vous la rendrez capable de vous laisser dépasser, vous aussi, ce stress, et de vous remettre à penser et agir efficacement.

✓ D'ailleurs, bien souvent, c'est la sous-personnalité réprimée antagoniste de celle qui souffre qui vous donnera le coup de main dont vous avez besoin. Exemple : Roger Sfax n'aime pas recevoir des blagues stupides sur son e-mail. C'est Max qui, à l'intérieur, affiche une note de service selon laquelle l'utilisation des ordinateurs doit être exclusivement consacrée au travail et qu'il est interdit de s'amuser en recevant des blagues (ou si l'on en reçoit tout de même, de les apprécier). Mais Max peut se laisser convaincre de ne pas trop se polariser là-dessus (après tout, qu'est-ce que ça coûte à l'entreprise ? pas grand-chose) et les transmettre à Géronimo qui, lui, adore rigoler. Nourrir l'une des sous-personnalités sans menacer l'autre permet à l'ensemble d'acquérir de l'énergie.

✓ Lorsque vous gaspillez votre énergie dans l'anticipation et la planification exagérée des situations futures, ce qui vous condamne soit à perdre vos moyens par crainte de ce qui vous attend, soit à être déçu car la réalité n'est jamais à la hauteur de vos prévisions (voir la prochaine section sur la machine à fabriquer du stress). Repérez quelle est la sous-personnalité qui fabrique ces images et vous les met dans la tête. Pourquoi s'y prend-elle ainsi ? Que cherche -t-elle à vous faire gagner ? De quoi veut-elle vous protéger ? Dialoguez avec elle ou écrivez-lui de façon à la rendre plus raisonnable dans ses exigences, à la rassurer si elle a peur, à lui promettre que vous partirez avant minuit si elle s'ennuie dans une soirée (alors que d'autres sous-personnalités, plus fêtardes, s'y amusent comme des folles).

✓ Quand vous obtenez un succès, n'oubliez pas de féliciter les sous-personnalités qui vous ont aidé à atteindre votre objectif. Et quand il vous arrive de commettre une erreur, pensez à excuser les responsables et à valoriser l'intention, toujours louable, derrière le résultat.

Application : une méthode pour arrêter la machine à fabriquer du stress

Nous avons vu que le stress et la fatigue sont les deux états qui favorisent la prise de pouvoir temporaire ou les distorsions de raisonnement « acheminés » par nos sous-personnalités réprimées. L'un des facteurs de stress les plus fréquents dans notre vie est le décalage entre l'anticipation que nous nous construisons d'une situation et la réalité de cette situation quand elle advient.

Nous pensions trouver une place dans le parking de l'hôtel, ce dernier se révèle finalement complet : stress. Nous attendions une proposition d'embauche à la fin d'un entretien de recrutement, le chasseur de têtes prend congé sans rien nous dire : stress. Nous pensions que notre belle-mère allait nous téléphoner pour nous remercier de lui avoir envoyé des fleurs, elle se contente d'un email assez laconique : stress.

Certains se fabriquent des attentes tellement élevées dans toutes les situations, ils placent la barre de leurs exigeances tellement haut qu'ils sont systématiquement déçus et en état de stress permanent. Persuadés d'être sans cesse trahis par la vie, que les choses ni les gens ne tiennent jamais leurs promesses, incapables de vivre un présent « démonétisé », ils se réfugient inlassablement dans l'anticipation des événements à venir, anticipation à côté de laquelle la réalité de ces événements, quand ils se produisent, fait toujours pâle figure. Ils prennent la plus grande partie de leur plaisir à imaginer leurs prochaines vacances, leur vie quand ils auront décroché tel emploi, quand ils auront déménagé, etc., tirant de grands bénéfices de ces grands espoirs… jusqu'à ce que ces événements deviennent réels. Dès lors, cruellement déçus par une réalité qui se situe toujours en dessous de leurs attentes, ils se réfugient dans un nouveau Grand Projet qui leur permet de tenir le coup… jusqu'au prochain cycle du scénario.

Une voie très efficace pour arrêter cette machine à fabriquer du stress est d'apprendre à optimiser notre production d'attentes. Le premier stade consiste à en devenir conscient et à identifier quel est le « petit moi » qui nous inspire lorsque nous tirons ainsi des chèques sur le futur.

Dialoguer avec cette sous-personnalité nous permet de relativiser ses attentes – et donc, la déception correspondante – en prenant conscience du fait que notre anticipation n'est qu'une croyance, une histoire sur notre futur à laquelle nous choisissions de souscrire, mais qui ne nous raconte en fait que notre passé. Dès lors, nous pouvons aborder la deuxième étape de ce processus, celle qui consiste à faire travailler notre sous-personnalité rationnelle et logique (notre Rogiciel) sur ce scénario pour en souligner les déformations et les invraisemblances, pour se souvenir aussi que ce n'est qu'un rêve.

Au bout de quelque temps, notre sous-personnalité rationnelle vient automatiquement au rapport, afin de nous parler de nos projets mirifiques et de l'analyse qu'il en a faite.

Ceci nous rend capable d'aborder le présent sans a priori, et de réagir en fonction des événements, améliorant notablement notre capacité à gérer en temps réel les situations auxquelles nous sommes confrontés. Le jeu des sous-personnalités qui rééquilibrent notre vision des choses :

- ✓ permet de mettre entre parenthèses les scénarios, la plupart du temps faux, que nous avons élaborés pour nous préparer à telle ou telle situation, et qui paralysent ce talent pour inventer des façons créatives et personnelles de réagir que nous possédions enfant, mais que nous avons laissé s'atrophier,
- ✓ augmente notre capacité à recevoir et interpréter les signaux faibles envoyés par l'environnement, améliorant notre capacité d'interprétation et d'élaboration de stratégies adaptées,
- ✓ nous permet d'éviter de rentrer sous stress, ce qui paralyserait nos facultés de raisonnement et constituerait une opportunité pour le déclenchement de chaînes de comportement régressives, automatiques et souvent catastrophiques.

Dessiner une carte des sous-personnalités

Nous pouvons donc à présent dessiner la carte des sous-personnalités de Roger Sfax au début de l'ouvrage, et des transformations qui se sont opérées en lui pendant l'exploration de son entreprise intérieure.

Au début de l'ouvrage :

SOUS-PERSONNALITÉS DOMINANTES (elles ont pris le pouvoir sur la personnalité)

Max de la Rogière, le Directeur Général, ex-Directeur Financier, obsédé par les principes, les valeurs, et la protection contre les risques.

SOUS-PERSONNALITÉS OPÉRATIONNELLES (au service des dominantes, elles exécutent les stratégies selon leurs consignes)

Les Roginators.

Les services Comptables et financiers.

Rog (le guide).

Rogos (réprimés, mais sans succès, les syndicats restent actifs et visibles dans l'entreprise, fédérant des ouvriers qui tant bien que mal, font tourner les machines. On peut considérer qu'ils sont dans la couche intermédiaire entre sous-personnalités opérationnelles et sous-personnalités réprimées).

SOUS-PERSONNALITÉS RÉPRIMÉES

Rogiciel, le directeur de l'organisation et des systèmes d'information, qui permettrait d'avoir une vision claire de la situation.

Rogentil, le DRH qui permettrait de mettre un peu de moelleux dans les relations humaines de Roger Sfax.

Charlie Rodgers, qui porte sa capacité à être un homme d'action, bon vendeur, séduisant, un peu filou par moments.

Géronimo, qui représente sa créativité et son côté rebelle, un peu fantaisiste.

L'Ingénieur, partie essentielle de ressourcement et d'authenticité, porteur de la vocation initiale de Roger Sfax. Tellement réprimé qu'il mériterait certainement le qualificatif de sous-personnalité reniée.

ACTIONNAIRES

Inconnus. Aucun ne touche de dividende. Enfant intérieur en détresse.

À la fin de ce chapitre :

SOUS-PERSONNALITÉS DOMINANTES cadrées et coordonnées par Roger Sfax

---

Max de la Rogière (minoré par rapport à ses pouvoirs précédents, mais qui conserve son poste de DG ; on ne change pas de personnalité, on se sert mieux de celle qu'on a)

SOUS-PERSONNALITÉS OPÉRATIONNELLES (conscientes et capables de rééquilibrer l'action de la sous-personnalité dominante)

Rogiciel

Rogentil

Charlie Rodgers

Géronimo

L'Ingénieur

Les Roginators

Les services Comptables et financiers

Rog

Rogos et les syndicats

Les ouvriers

SOUS PERSONNALITÉS RÉPRIMÉES

Il en reste forcément, car nous ne sommes jamais capables d'ouvrir totalement toutes nos prisons. Ce n'est d'ailleurs pas le but de cette méthode qui vise à vous permettre de manager plus efficacement votre vie intérieure et d'atteindre un meilleur équilibre par le respect de toutes les composantes de votre personnalité.

ACTIONNAIRES

Les pilotes ont le droit de voler

L'enfant intérieur est entendu dans sa détresse et consolé.

Les actionnaires sont reconnus et respectés.

D'autres exemples de cartes des sous-personnalités

Ces exemples sont adaptés d'analyses réelles de sous-personnalités. La première est une jeune femme qui souffre d'un surinvestissement dans sa vie professionnelle. Elle travaille trop, prend tout au tragique et finit par se retrouver prisonnière d'obligations qui lui sont imposées par sa hiérarchie ou par ses collègues, et qu'elle ne se donne pas le droit de refuser.

SOUS-PERSONNALITÉS DOMINANTES

Madame parfaite : je dois répondre à toutes les demandes (explicites ou implicites) je dois satisfaire tout le monde, je dois respecter des valeurs très fortes, je dois garder le contrôle de moi-même

Madame critique : pas le droit d'être contente de toi : tu peux mieux faire, tu n'es pas comme il faut

SOUS-PERSONNALITÉS OPÉRATIONNELLES

Madame activiste : femme d'action, bonne vendeuse, elle recherche la performance, le résultat, éventuellement un brin de séduction. Elle ne déteste pas le pouvoir. Elle a du flair et le sens des situations.

Madame analytique : elle est capable de réfléchir froidement et de comprendre la situation. Grosse travailleuse, elle sait très bien organiser et planifier.

Madame rebelle : veut s'organiser à sa guise, ne rendre de comptes à personne, mener sa vie à sa façon, porte originalité, créativité… et réactivité. Elle adore la nouveauté et déteste la routine. C'est elle qui râle et qui peste de temps en temps.

SOUS PERSONNALITÉS RÉPRIMÉES

Madame « égoïste » : a envie de se faire plaisir et de s'occuper d'elle

Madame orgueilleuse : a envie d'être reconnue comme la meilleure et quelqu'un de très important pour les autres. Elle a besoin de pouvoir, et le prend souvent en rendant les gens redevables. Elle est capable de développer des ressources positives, en particulier par ce qu'elle peut apporter aux autres si on accepte de la gratifier sans la faire culpabiliser.

Madame en colère : j'ai besoin qu'on me respecte, je n'aime pas qu'on me marche sur les pieds, « je me suis faite avoir »

Le second exemple est celui de Louis, un dirigeant brillant, qui en situation d'échec se retrouve totalement désemparé et en proie à des comportements anxieux et agressifs.

SOUS PERSONNALITÉS DOMINANTES

Monsieur Louis, brillant directeur général parfait et supérieur aux autres dans tous les domaines

Le directeur de la communication, son adjoint, met en scène cette image parfaite

Le critique qui n'est jamais satisfait de Louis et qui juge tout le monde

SOUS PERSONNALITÉS OPÉRATIONNELLES

L'homme d'action qui fonce dans le travail. Il a besoin de défis à relever et de grandes visions.

L'analyste qui élabore des stratégies et étudie les dossiers à fond (allié du précédent dans le travail qui marche bien)

Le malin qui trouve toujours une astuce pour retomber sur ses pieds, quitte à être « limite fond de court »

Le rebelle qui met l'ambiance, fait la fête, adore les contacts.

Le père la pudeur aux valeurs rigides, capable de se braquer pour une bêtise. C'est lui qui ne supporte pas la contradiction et pique des colères.

SOUS PERSONNALITÉS RENIÉES

P'tit Louis, petit garçon avide d'affection et d'amour qui n'a pas confiance en lui

L'égoïste qui veut posséder les autres et forcer leur admiration, quitte à les manipuler.

Essayez, parlez à vos « petits moi » : cela fonctionne !

Et pas seulement quand vous vous trouvez dans l'obligation de mener un comité de direction existentiel…Quels que soient le moment ou la situation, professionnelle ou privée. Toute forte décharge émotionnelle a valeur de signal : c'est que dans votre entreprise intérieure, deux directeurs sont très vraisemblablement en conflit. Je parle ici bien sûr d'une décharge émotionnelle dont l'intensité est disproportionnée par rapport à son objet. Pleurer de chagrin à la mort d'un être cher ou de joie lors de la naissance de votre enfant ne demande, bien évidemment, pas une telle introspection.

Trouvez-les et faites les parler l'un après l'autre. Aidez vous en écrivant leurs arguments sur deux feuilles différentes. Ne les jugez pas, accueillez de bonne foi leur point de vue, même s'il vous paraît tiré par les cheveux, enfantin, inadmissible, scandaleux ou ridicule. Vous verrez, il y a toujours un enrichissement à en retirer. Et surtout, au bout de quelques minutes, l'émotion désagréable aura disparu et sera remplacée par une délicieuse sensation de bien-être et de liberté. Au bout de quelques mois de ce travail intérieur, tout comme Roger Sfax, vous constaterez que vous êtes devenu plus attentif aux signaux faibles, plus pertinent dans vos relations avec les autres, plus affûté dans la conduite de votre vie professionnelle. Vos sous-personnalités libérées vous auront fait le cadeau de nouveaux éventails de comportements dont vous vous donnerez désormais l'autorisation de profiter… sans trop perturber vos sous-personnalités dominantes.

Vous avez là une occasion unique d'apprendre à vous respecter vous-même(s), en tenant compte des sensibilités de chacune de vos sous-personnalités. Si l'une d'entre elles déteste les endives ou la noix de coco, pourquoi vous forcer à en manger ? Parce que votre sous-personnalité dominante vous susurre à l'oreille qu'« un grand garçon doit manger de tout sans se plaindre » ? Il est peut-être temps d'en parler sérieusement avec elle et de voir si elle ne pourrait pas reconsidérer sa position. Vous abritez une sous-personnalité qui n'aime rien tant que se balader dans les dunes, le nez au vent ? Pourquoi ne pas lui céder de temps en temps et lui offrir ce plaisir ? Vous en sentirez immédiatement les bienfaits, par ricochet, sous la forme d'une sensation d'être complet, réunifié. C'est la façon dont vos « petits moi » vous disent merci.

L'ensemble de ces réflexions nous permet de comprendre qu'il est beaucoup plus important pour notre équilibre psychologique de pouvoir exprimer consciemment un désir plutôt que de le satisfaire. Car un désir exprimé dans le plein soleil de notre entendement, c'est un désir auquel on peut renoncer, ou que l'on peut fantasmer. Un désir non exprimé flotte en nous comme un fantôme pendant une longue période et s'accroche à tout ce qui passe, ravivant une blessure et nous rendant de plus en plus dépendants et malheureux à chaque fois que nous l'augmentons, par nos tentatives pour le satisfaire de façon inadaptée.

Exercices

Pouvez vous attribuer chaque mesure de la liste à l'une des sous-personnalités de Roger Sfax ?

Dressez la liste des 10 mesures prioritaires pour votre entreprise à vous.

Il est difficile d'imaginer un conseil d'administration intérieur dans toute sa complexité. La méthode pour y parvenir passe donc par l'écrit. Convoquez en vous-même l'une de vos sous-personnalités, en la visualisant. Imaginez la sortir de son bureau, entrer dans le vôtre, s'asseoir en face de vous.

Demandez-lui de noter très rapidement tout ce qu'elle pense d'un problème donné ou de répondre par écrit à une question.

Puis changez de place dans la pièce (ou de stylo : chaque sous-personnalité peut en avoir un différent, en rapport avec son caractère) et convoquez une autre sous personnalité en lui proposant de noter son avis à elle sur une feuille différente.

Restez attentif aux états émotionnels qui constituent la « signature » de vos principales sous-personnalités lorsqu'elles sont présentes sur la scène de votre conscience. Plus vous identifierez cette signature, développant ainsi une sorte de « mémoire émotionnelle », plus vous serez capable de convoquer facilement cette sous-personnalité et de dialoguer avec elle.

La Terre vue du ciel : dialogue et changement d'optique

Le petit Cessna 150 apparut dans le ciel, puis se rapprocha de la piste, perdant de l'altitude à un taux de 100 pieds/minute. Parfaitement dans l'axe, il effectua un arrondi harmonieux, les gaz au minimum, et son train d'atterrissage entre délicatement en contact avec le tarmac.

Roger rentra les volets, repoussa la manette du réchauffage carburateur et freina délicatement au palonnier, en gardant l'avion dans l'axe *[à l'intérieur de lui, les pilotes se donnèrent de grandes claques dans le dos en s'écriant : « Yeah, man ! Atterrissage sur des œufs ! »]*[1] Encore vibrant du pur plaisir de cet atterrissage réussi, Roger engagea le Cessna sur le taxiway et l'amena au ralenti jusqu'au parking de l'aéroclub. Freins serrés, il appela la tour (« Fox Golf

1. À partir de ce chapitre, tout ce qui se passe dans l'entreprise intérieure de Roger Sfax est reporté en italique et entre crochets.

X-Ray au parking, pour quitter la fréquence »), effectua son essai de coupure magnéto, et cala le moteur par appauvrissement de la mixture. À côté de lui, les bras croisés, Luc Piédacier, son instructeur, le regardait effectuer ses manœuvres sans intervenir. En sortie de piste, il avait juste coupé les phares d'atterrissage que Roger avait oublié d'éteindre. Luc Piédacier était un ancien chef pilote de la SOFERBA, depuis peu à la retraite. Roger l'avait retrouvé instructeur bénévole dans ce petit aéroclub, ce qui lui permettait de continuer à voler régulièrement. Large d'épaules et d'une corpulence importante bien que de taille moyenne, il avait quelques difficultés à caser son imposante carrure dans la minuscule carlingue du Cessna (« c'est un avion qui s'enfile ! », disait-il à chaque fois).

Pas très chaud au début pour donner des cours à cet excadre dirigeant de son ancienne firme, à la réputation de has been, il avait peu à peu changé de comportement pour devenir non pas exactement cordial, ce qui n'aurait pas collé avec son caractère rugueux d'ancien militaire, mais manifester une sorte d'acceptation implicite et tranquille du fait que finalement, contre toute attente, ce Monsieur Sfax qu'il avait vu pendant des années emprunter les coursives de la direction d'un pas rapide et soucieux, ce Monsieur Sfax dont il avait suivi, comme tout le personnel de l'entreprise, l'ascension et la dégringolade, cet ange déchu aimait sincèrement se trouver au milieu du ciel, là où le regard ne rencontre pas de limite. Même s'il n'était pas franchement doué pour les manœuvres, il acceptait de bonne grâce les critiques et les corrections, allant jusqu'à rire de ses erreurs.

Le moteur se tut dans un dernier hoquet et le silence s'étendit sur la piste, seulement troublé par le sifflement du circuit électrique. Roger ôta son casque. C'était une magnifique matinée d'automne, un courageux petit soleil d'octobre caracolait dans le ciel, jetant une belle lumière oblique sur les avions à l'arrêt, cette lumière claire et nette que l'on ne trouve que sur une piste d'aérodrome. Roger avait fini de remplir le carnet de route du Cessna, mais Luc ne bougeait toujours pas de son siège. Il semblait réfléchir.

« Il y a quelque chose qui ne va pas ? demanda Roger.

– C'est fou comme on peut se tromper sur les gens, tout de même… murmura l'instructeur d'une voix lointaine, sans le regarder.

Roger fronça les sourcils et s'apprêta à répondre, mais une voix intérieure l'en dissuada *[Rogentil : « Taisez-vous tous et écoutez-le : il est en train d'essayer de nous dire quelque chose »]*.

– Et pas seulement dans les situations professionnelles…… toi, par exemple, poursuivit Luc. On te prenait tous pour une espèce de connard prétentieux, pète-sec, uniquement préoccupé par le respect des règles et les coupes budgétaires. Pas une seconde pour dire bonjour, pour t'intéresser aux petites gens. Finalement, ajouta-t-il en passant sa main sur ses cheveux en brosse, quand tu t'es fait lourder par cette hyène de Buglose, personne n'a pleuré. Pas un seul collègue n'a levé le petit doigt pour t'aider. Et pourtant…

Au lieu de répliquer vertement comme il l'aurait certainement fait quelques mois plus tôt *[Max : « Tu ne vas pas tout de même pas le laisser t'insulter sans répondre ? Allez, rentre-lui dans le lard ! Ce n'était qu'un petit chef pilote alors que toi, tu étais au Comité de Direction »/Rogentil : « Tais toi, Max, attends de voir où il veut en venir »/Les autres : « Max, Rogentil a raison, laissons-le venir »/ Géronimo : « D'ailleurs, c'est toi seul qu'il insulte, mon petit vieux »]*, Roger répéta doucement :

– Et pourtant ?

Luc se passa la main sur le visage, frottant ses yeux avec le pouce et l'index.

– Et pourtant, il y aurait beaucoup de choses à dire sur la façon dont ils t'ont liquidé. Beaucoup, beaucoup de choses…

Roger hocha la tête. Par fierté, il avait renoncé à se venger, à éplucher toute l'affaire, à traîner la SOFERBA aux Prud'hommes. *[Charlie : « Ouais, par fierté, alors qu'on aurait pu se faire des couilles en or sur ce coup-là ! »/Géronimo : « Sans compter qu'on se serait bien marrés. »/Max : « Vous plaisantez ! Nous n'allions pas nous abaisser à les poursuivre. Ils auraient été trop contents de nous humilier à nouveau. »/Rogiciel : « On aurait quand même pu regarder le dossier en détail, au moins. »/ Rogentil : « Je suis d'accord avec Max, traîner les gens en justice, c'est vraiment un procédé trop agressif. »]*

– Bah, c'est du passé, soupira Roger. Finalement, ça vaut peut être mieux.

Luc lui lança un long regard, semblant peser le pour et le contre avant de prendre une décision.

– Oui mais quand même, il y a la manière. Écoute, ajouta-t-il précipitamment dans un murmure, comme s'il craignait de regretter ce qu'il allait dire, mon beau-frère était chef d'équipe sur le fameux Airbus de Nigerian. Tu devrais lui payer une petite mousse un de ces jours. Dis-lui que c'est moi qui t'en ai parlé. »

Puis il ouvrit le cockpit, déboucla sa ceinture et s'extirpa de l'avion sans un mot, regagnant d'un pas rapide le bureau de l'aéroclub, sans se retourner.

Roger resta là un long moment, les yeux fixés sur les instruments de bord, sans vraiment les voir. Puis il murmura : « Merci, les gars, c'était du bon boulot » et sortit lentement de l'avion, perdu dans ses pensées.

10

LA RENAISSANCE DES ÉTABLISSEMENTS ROGER SFAX SA

L'INGÉNIEUR LEUR A INVENTÉ de petites voitures électriques semblables à des voiturettes de golf, qui leur permettent de se déplacer rapidement dans toute l'entreprise. Il a fallu en construire une spéciale pour Géronimo qui a fait des pieds et des mains pour avoir un moteur plus puissant et une transmission 4x4. Il faut croire que mystérieusement, il est arrivé à convaincre l'Ingénieur puisque, à présent, il sillonne l'entreprise du matin au soir au volant de son bolide en poussant des hurlements sauvages. Il a peint sur le capot une gueule de requin ouverte avec de grandes dents rouges et blanches. Chacune de ses apparitions déclenche rires et applaudissements parmi les ouvriers. Ils aiment bien le voir arriver, s'arrêter dans un grand dérapage contrôlé, puis fumer une cigarette avec eux, les mains dans les poches de son jean, en parlant de la pluie ou du beau temps ou en racontant des bêtises qui les font tordre de rire. Et Roger, qui a appris à le connaître, sait désormais que sous son apparence farfelue et pour peu qu'on l'accepte tel qu'il est, se cache un redoutable professionnel de la communication. C'est lui qui a eu l'idée de faire installer dans chaque unité des détecteurs de stress, dont il a demandé à l'Ingénieur de concevoir les plans. Ces détecteurs aboutissent directement dans le bureau du DRH. Trois escouades d'anciens Roginators ont été affectés à cette mission, recevant une formation spéciale (et un nouvel uniforme) afin de devenir des « Médiators ». Leur mission ressemble un peu à celle des Casques Bleus, sauf qu'il s'agit désormais d'une ressource interne à l'entreprise. Ils se rendent sur les lieux où l'indicateur de stress dépasse le seuil de tolérance et évaluent la situation. Rogiciel a contribué au projet en élaborant une échelle de stress et des procédures d'analyse et de réponse souples et rapides. Les Médiators sont une unité décentralisée, dont chaque détachement possède une grande marge de décision, ne faisant remonter les problèmes que dans des cas précis, définis avec clarté.

Roger monte dans sa voiturette qui l'attend devant le poste de contrôle. Ce dernier est méconnaissable. Repeint en blanc, ce qui lui donne des petits airs d'hacienda, il a été ouvert sur l'extérieur au moyen de terrasses fleuries et de larges baies vitrées. La devise qui trônait au-dessus de la porte (« Jamais ne dois faiblir ni plier ») a été décrochée et remplacée, après un long débat par la formule : « 1 + 1 = 3 », proposée par l'Ingénieur et qui a remporté l'adhésion générale. À l'exception de Max qui bougonnait dans son coin : « Un plus un, ça fait deux, un point c'est tout ! »

Conduit par le jeune Rog, qui adore piloter cet engin, Roger commence par inspecter le chantier de démolition des miradors et des barbelés, qui a bien avancé ces dernières semaines. Une évaluation des besoins réels de sécurité a été conduite par les services de Rogiciel. Il en est ressorti, après examen objectif de la situation, qu'un seul poste de garde et une escouade volante de Roginators était amplement suffisant pour assurer la sécurité du site. Les hautes clôtures et les réseaux de barbelés vont être remplacés prochainement par un grillage normal, percé de portillons où l'on rentrera grâce à une carte magnétique.

Roger se fait ensuite conduire sur le site de l'usine à émotions, dont la reconstruction a bien progressé. Une grève des ouvriers a ralenti le chantier, mais des négociations ont été menées par Rogentil et son équipe avec le syndicat Repose Toi

Un Peu, qui avait déclenché ce mouvement. Appuyé par Roger (et malgré l'avis de Max, partisan de la manière forte avec ces gens-là), un compromis a été signé. Le chantier sera totalement arrêté deux jours par semaine et deux heures par jour, pour permettre à tout le monde de faire un break et de reprendre des forces. À plusieurs reprises, Roger descend de la voiturette, serre la main de tous les salariés présents, parle avec les chefs d'équipe, écoute, distribue avis et encouragements. Chacun des chantiers est coordonné par un comité de travaux composé d'un financier, d'un ingénieur et d'un syndicaliste.

L'usine de gauche, elle aussi, a bien changé. Toutes les cloisons internes ont été démolies et un nouveau schéma directeur a été mis en place par Rogiciel et Max. Désormais, les bureaux seront tous reliés par un réseau informatique interne, de vastes voies de circulation ont été ménagées, des baies vitrées laissent entrer la lumière du soleil. Et surtout, de larges passerelles sont en train d'être construites entre les deux usines, grâce auxquelles des tapis roulants ultra rapides achemineront les émotions produites dans l'unité émotionnelle vers les bureaux où, instantanément, elles seront traitées, analysées et traduites en objectifs et en comportements par des équipes spécialisées, formées au maniement des matières inflammables, en coordination permanente avec le poste de contrôle.

Roger aperçoit Rogentil, qui supervise une session de formation sur les procédures de sécurité à respecter lorsqu'on manipule des isotopes de colère. Le DRH lui fait un petit signe de la main et Roger lui répond par un grand sourire, car il sait que son DRH intérieur est un grand affectif, très sensible au moindre signe de reconnaissance. Rayonnant, Rogentil continue sa formation.

Roger est presque parvenu au poste de contrôle où il doit participer au comité de direction quotidien. Il lui est de plus en plus facile d'animer ces réunions, au fur et à mesure que les différents directeurs apprennent à se connaître et à se respecter. Un hurlement aigu retentit derrière son véhicule (« *Piiiiiste !* ») et Géronimo le dépasse en trombe, lui fait une queue de poisson et s'immobilise dans un grand dérapage qui fait voler la poussière. Il est vêtu d'une combinaison de mécano déchirée et constellée de taches de graisse, une sucette de bébé autour du cou, tout son visage rayonne d'une joie enfantine.

« Yo ! lance -t-il en faisant pivoter son siège.

– Salut Géronimo, répond Roger qui a toujours un peu de mal à s'habituer aux excentricités vestimentaires de son directeur de la communication. Ça boume ?

– Aha ! s'esclaffe Géronimo. Personne n'utilise plus l'expression « ça boume » depuis environ 1953, mais je suppose que l'intention est de savoir si je suis en forme. Eh bien oui, Patron, ça boume à donf !

D'une nature timide et réservée, Rog semble fasciné à chacune de ses rencontres avec Géronimo.

– Tu vas au Comité de Direction habillé comme ça ? demande -t-il en regardant l'accoutrement de Géronimo avec des yeux ronds. Pour sa part, il porte un polo Lacoste, un pantalon de coton beige trois pinces, des Docksides et pas de cravate, ce qui constitue pour lui le maximum de l'audace vestimentaire.

– Qu'est-ce qu'elle a, ma tenue ? demande Géronimo en feignant la surprise. Oh, mon Dieu ! J'ai une petite tache sur mon pantalon.

Puis se tournant vers Roger, il ajoute :

– Au fait, Patron, je voulais vous dire. Au sujet du petit dossier que vous nous avez confié à Charlie et à moi. Je crois que nous sommes prêts. On attend juste votre feu vert.

– Parfait, répond Roger. On passe à l'action cet après-midi. Je vais veiller à ce que Max reste en retrait. »

De temps à autre, Michel Buglose aimait bien ...

...torturer un peu sa secrétaire, juste pour le plaisir. Il inventait de toutes pièces un rendez-vous et prétendait qu'elle l'avait oublié. Ou alors, face à un fournisseur qui se présentait à l'heure dite, il refusait de le recevoir au motif qu'elle ne lui avait jamais signalé ce rendez-vous et qu'il était appelé ailleurs par des occupations d'une importance primordiale. Il veillait bien à ce que l'altercation ait lieu en présence de la jeune femme de façon à la désavouer et à la faire douter d'elle-même en public. Parfois même, elle éclatait en sanglots (« 100 points », se disait-il, son échelle de notation intérieure affectant 10 points à une scène d'autojustification, 100 points à une crise de larmes et 500 points à un pétage de plombs complet avec manque de respect, menaces de démission et excuses penaudes le lendemain).

Il fallait bien s'amuser un peu. La vie de PDG de la SOFERBA n'était pas si drôle. Surtout depuis que les actionnaires américains, des brutes sans aucune finesse, avaient repris la boutique. Il fallait bien quelques compensations, se dit-il en tournant la clé dans la serrure de son bureau après une scène particulièrement réussie où elle l'avait menacé de rendre son tablier (« Mais ma pauvre cocotte, lui avait-il répondu d'une voix glaciale, à votre âge et avec, excusez-moi, votre gueule, vous ne trouverez nulle part ailleurs ! ») Il sortait d'un déjeuner avec cet incapable de Gourbera, un abruti qui passait son temps à peloter les stagiaires et à s'octroyer des notes de frais princières, mais un abruti utile et hélas bien trop malin pour se laisser mettre en défaut. Leurs affaires ayant traîné et Gourbera ayant insisté pour reprendre un second armagnac Château de Laubade hors d'âge (et hors de prix !), il n'était pas loin de seize heures lorsque Michel Buglose pénétra dans son bureau avec l'idée de faire une petite sieste, très satisfait de son altercation avec Anne-Marie.

Et dans son bureau, il y avait déjà quelqu'un, assis dans son fauteuil, les pieds sur la table, le visage dans l'ombre. L'attitude cadrait tellement mal avec le souvenir qu'il gardait du personnage que Buglose mit plusieurs secondes à reconnaître, avec incrédulité, Roger Sfax. Comment cette conne avait-elle été assez stupide pour le laisser rentrer ? Décidément, elle venait de signer sa lettre de licenciement.

« Qu'est ce que vous fichez là ? demanda sèchement Buglose. J'appelle la sécurité.

– Bonjour Monsieur le Président, dit Roger Sfax avec un grand sourire. Alors, bon déjeuner avec Gourbera ? (Il regarda sa montre.) Oui, ça en a tout l'air. Figurez-vous que je passais dans le coin. Je me suis dit : tiens, je vais aller dire un petit bonjour à ce cher vieux Buglose. Il doit sûrement se demander ce que je deviens, après tous ces mois sans nouvelles…

Buglose avait déjà la main au-dessus du téléphone, mais il suspendit son geste. Il avait un tas de défauts, mais il était fin. Il savait flairer les situations. Il y avait là quelque chose qui ne cadrait pas. Sfax n'aurait jamais osé s'introduire ainsi dans son bureau. Ni s'asseoir dans son fauteuil. Ni mettre ses pieds sur la table. Et avait-il vraiment dit « ce cher vieux Buglose » ? Impossible. Ca devait être l'armagnac.

– Sortez de ce bureau sans faire d'histoires, Sfax. Ou il va vous arriver des bricoles.

– Je tremble de peur, répondit Sfax en ôtant ses pieds du bureau, mais sans faire mine de se lever le moins du monde. Asseyez-vous, Monsieur le Président. Nous avons à parler.

– Je n'ai rien à vous dire, rétorqua Buglose. Enlevez vos stupides fesses de mon fauteuil et laissez-moi travailler.

– Votre fauteuil, hein ? sourit Sfax. Il fit faire un tour complet au siège. Décidément, ce n'était pas le Sfax dont il se souvenait. Il souriait, répondait du tac au tac, le provoquait.

– Formidable, ce fauteuil, poursuivit Sfax. Très confortable, en effet. Et s'il se transformait en siège éjectable ?

– Vous me menacez, Sfax ? demanda Buglose en s'asseyant dans le canapé. Si c'est le cas, il vous faudra répondre de vos propos.

– Menacer ? s'offusqua Roger. Quel vilain mot. Mais voyons, entre gens de bonne compagnie, on ne se menace pas, cher Président. On discute. On s'arrange.

Là, instinctivement, Buglose se retrouvait en pays de connaissance. Mais ce gros lourdaud de Sfax était bien la dernière personne qu'il aurait imaginer rencontrer sur ce terrain-là. Sfax ne pouvait pas avoir appris les règles de ce jeu en, quoi, six mois ? Il venait sans doute encore râler d'avoir été licencié et quémander quelques misérables indemnités en le menaçant d'un Prud'homme, faire son petit numéro d'honnêteté bafouée, de Saint-Just incorruptible et incompris.

– Bon, lança -t-il sèchement. Vous m'avez vu. On a bien discuté. Maintenant vous sortez, ou j'appelle la sécurité.

Sfax resta silencieux, une flamme étrange dans le regard. Il prit une allumette et la ficha au coin de ses lèvres. Il y eut un petit silence, où les deux hommes se jaugeaient sans qu'aucun d'eux ne bouge.

– Eh bien qu'attendez-vous ? demanda Sfax, se renversant dans le fauteuil et croisant les mains derrière sa tête. Je croyais que vous deviez appeler la sécurité.

– Bon, Sfax, assez finassé. Dites-moi ce que vous êtes venu me dire et fichez le camp.

Sfax sembla hésiter.

– Oui, bof, je ne sais plus trop, fit-il. Finalement, je me demande si je ne devrais pas laisser les choses suivre leur cours sans intervenir. Qui suis-je, après tout, pour me mêler de vous sauver la mise ?

– Me sauver la mise ? Mais de quoi est-ce que vous me parlez ?

Roger fit à nouveau effectuer un tour complet au fauteuil de direction.

– Il est vraiment impeccable, ce fauteuil, confirma -t-il. Je comprends que vous y teniez.

– Bon, alors, accouchez ! s'énerva Buglose.

Roger leva les mains en signe d'apaisement.

– Pas d'impatience, cher ami. Nous y venons, puisque vous insistez. Je pensais juste à l'erreur humaine, celle qui guette chacun d'entre nous.

– L'erreur humaine ?

– Oui, par exemple celle du pilote de Nigerian Airlines. Vous vous souvenez de cet accident, je suppose ?

– Abrégez, Sfax, dit Buglose en se levant du canapé et en venant s'asseoir en face de lui. Je ne suis pas sûr que nous ayons le même genre d'humour.

– Quel dommage, soupira Roger. Mais je dois reconnaître que vous avez raison. D'ailleurs, en ce qui vous concerne, vous n'avez pas d'humour du tout. Enfin, bref. L'enquête de l'aviation civile nigériane a conclu à une erreur du pilote. En un temps record. Une enquête rondement menée, si vous voulez mon avis. C'est pour ça que je me dis que vous avez eu beaucoup de chance.

Buglose ne fit pas un geste, mais sous ses paupières tombantes, ses gros yeux pâles prirent un éclat glacé.

– Développez, dit-il.

– Imaginons que les investigations se soient tournées vers la recherche d'une défaillance technique, un problème d'avionique, par exemple. Après tout, ces Airbus, nous les connaissons bien. Nous savons bien pourquoi ils volent sur Nigerian plutôt que sur Air France ou Lufthansa…

– Eh bien si tel avait été le cas, répondit Buglose avec un mauvais sourire, nous aurions produit le dossier de maintenance de cet appareil…

– … dossier épais d'environ deux mille pages auquel il ne manque pas un bouton de guêtre, en effet, termina Roger. J'ai eu un peu de temps libre dernièrement et j'ai pu apprécier son extrême précision. Un modèle du genre.

– Je crois que je vois où vous voulez en venir, dit Buglose après un instant de réflexion. Le motif de votre licenciement était en effet lié à cet accident. L'avion sortait de nos ateliers. La presse était à la porte de mon bureau. Il fallait donner un signal fort à nos amis américains. Mais si le dossier de maintenance est si impeccable que vous le dites…

– … c'est vous qui le dites. Et vous le savez très bien.

– … c'est donc que vous n'avez commis aucune faute personnelle, c'est ça votre argument ? Bah, nous étions tous sous pression, nous n'avons peut-être pas pris suffisamment de recul. Il est hors de question de vous réintégrer, si c'est ce que vous aviez derrière la tête. (« On a eu assez de mal à se débarrasser de toi, pauvre taré ! » pensa -t-il) Mais nous pourrions peut-être, je dis bien peut-être, envisager de réexaminer le montant de votre indemnité.

Le visage de Roger prit une expression de profonde tristesse.

– Ah, Monsieur le Président, cher ami, vous m'offensez. Penser que ma démarche puisse avoir une motivation aussi bassement égoïste. Alors que ma seule préoccupation, c'est de vous aider, et à travers vous, d'aider la SOFERBA.

« C'est ça, cause toujours », pensa Buglose. Il se sentait déconcerté par le comportement de Sfax. Il avait eu la certitude de le connaître, de pouvoir le manipuler à sa guise, mais cette assurance, cette insolence l'intriguaient. Comment pouvait-il être aussi sûr de lui ? Il y avait quelque chose de pas net là-dessous.

– Non, continua Roger en se penchant vers Buglose. Ce qui m'inquiète, c'est si les enquêteurs ne s'étaient pas contentés du dossier. S'ils s'étaient mis par exemple à interroger les ouvriers sur la réalité des opérations effectuées.

Buglose battit des paupières.

– Parfaitement absurde, cracha -t-il. Personne ne fait jamais ça. Tous les documents sont signés et contresignés, parfaitement en règle. D'ailleurs, l'analyse des boîtes noires a fait ressortir sans aucune ambiguïté l'erreur de pilotage en étape de base.

– J'entends bien, répondit Roger, mais imaginez que quelqu'un d'un peu maniaque ait eu l'idée d'aller fouiller dans tous les détails des milliers de petites opérations qui aboutissent au certificat de navigabilité d'un de ces gros porteurs et qu'il puisse interroger les ouvriers qui les ont réalisées… ou sont censés les avoir réalisées. Quelqu'un d'un peu maniaque, avec beaucoup de temps devant lui…

– Simple hypothèse de travail, dit Buglose. Admettons qu'un tel maniaque puisse effectuer cette démarche hypothétique et illégale sans se faire accuser d'espionnage, de violation de propriété privée et d'une demi-douzaine d'autres délits, que risquerait-il d'en conclure ?

– Vous n'allez pas le croire ! s'exclama Roger. Il se rendrait compte qu'il manque près de 20 % des opérations répertoriées dans le dossier. Incroyable, non ? Oh, pas des choses essentielles, bien sûr. Rien qui mette réellement en danger la sécurité des passagers. Mais un tas de petites choses. Tenez, dit-il en retirant de sa poche intérieure quelques feuilles de listing agrafées, je vais vous donner quelques exemples…

– C'est inutile, protesta Buglose en repoussant cette proposition d'un geste de la main.

Il se leva et se mit à faire les cent pas, les mains derrière le dos. Par quel hasard incroyable ce loser avait-il pu se procurer ces informations ? Non, dut reconnaître Buglose, soyons honnêtes, ce n'est pas un hasard. Nous nous sommes trompés de bout en bout sur Roger Sfax. Nous l'avons totalement sous-estimé. Nous l'avons pris pour un vieux gestionnaire en bout de course qui ne voyait pas plus loin que le bout de son budget. Ah, il cachait bien son jeu, le vieux renard !

– Une dernière question, dit-il en se rasseyant. Dans ce qui n'est qu'une hypothèse de travail, quel serait l'intérêt d'une société de maintenance aéronautique reconnue et ayant pignon sur rue à risquer sa réputation dans de telles manœuvres ?

– Ah, fit Roger en hochant la tête, c'est exactement la question que je me suis posée. Et la réponse est : aucun. Une telle société n'aurait absolument aucune raison de risquer sa réputation. En revanche, les compagnies aériennes étrangères, en particulier les plus fauchées, celles du tiers-monde, pourraient être intéressées par des certificats de navigabilité à moindre coût, obtenus sans trop de difficultés.

– Encore faudrait-il qu'ils convainquent la société en question…

– … ou certains de ses dirigeants. À l'aide d'un compte numéroté dans un paradis fiscal, par exemple, richement approvisionné. Mais là, je conjecture. Je ne peux rien prouver. On se contentera de faire relayer ces hypothèses par la presse spécialisée.

– La presse ? sursauta Buglose. Pourquoi aller mêler la presse à tout cela ?

– Uniquement dans l'intérêt de la SOFERBA, cher ami. Vous connaissez les Américains, ils ont horreur de ce genre de publicité, qui fait immédiatement plonger le cours du titre. Au moindre entrefilet, ils vont débarquer avec une armée d'audits, le doigt sur la gâchette, pour remettre de l'ordre dans leur filiale. Et je suppose que vous-mêmes êtes impatient que cesse ce genre de pratique.

– Euh… oui, bien sûr, confirma Buglose. Mais la presse, c'est la dernière chose dont nous avons besoin dans cette situation.

– Ne vous inquiétez pas. Vous n'avez rien à craindre, du moment que vous n'êtes pas impliqué. Et connaissant votre profonde exigence éthique, cher Président, je crois pouvoir dire qu'il n'y a aucun doute là-dessus. Venez, nous allons leur parler ensemble.

– Comment cela, leur parler ? demanda Buglose d'une voix soudain plus aiguë.

Roger feignit la surprise.

– Ah oui. Je ne vous avais pas dit. Suis-je distrait ! C'est le chômage, ça vous réduit les neurones en compote. Je me suis permis de convoquer une petite conférence de presse. Oh, cinq ou six journalistes de la presse aéronautique. Des amis à moi, assez récents, d'ailleurs. Autrefois, du temps où je travaillais pour vous, je n'avais pas d'amis. Mais nous pourrions aussi leur annoncer, je ne sais pas, moi, tenez : ma réintégration. Ou les résultats semestriels de la SOFERBA. Ou leur parler du nouveau hangar de peinture des gros porteurs. C'est à nous d'en décider et à nous seuls, n'est-ce pas, cher ami ?

Buglose appuya sur le bouton de l'interphone.

– Anne-Marie ! beugla-t-il dans l'appareil, des journalistes se sont-ils présentés ?

– Oui, Monsieur le Président. J'ai vérifié leurs accréditations et je les ai installés en salle du Conseil. Je leur ai servi des rafraîchissements ; ils vous attendent.

Le Président coupa la communication et se tourna vers Roger, l'air impressionné.

– Écoutez, Sfax, déclara-t-il d'un ton presque amical, je dois avouer que je vous avais totalement sous-estimé. J'ai presque envie de vous réintégrer et de vous proposer un vrai boulot. Mais enfin, je me doute bien que vous n'êtes pas venu pour ça.

Tout en parlant, il sortit de sa poche un Meisterstück Mont Blanc et inscrivit un chiffre au dos d'une carte de visite. Il retourna la carte et la fit glisser d'un doigt vers Roger, face contre le bureau.

– Cette conversation n'a jamais eu lieu, bien entendu. De toute façon, vous n'auriez rien pu prouver. Mais je ne tiens pas à voir la réputation de la boîte salie dans la presse. Notre actionnaire pourrait s'en émouvoir.

Roger prit la carte et la retourna. Ses yeux s'arrondirent. Il se tourna quelques secondes vers la fenêtre, regardant le ciel, se passant la main sur le crâne, puis sur le menton, fronçant les sourcils, apparemment en proie à un violent débat intérieur. Puis se rapprochant du bureau, s'éventant avec la carte, il dit :

– Je dois avouer que je suis tenté. Très tenté. Du moins, pour ce qui concerne toute une partie de moi. Mais finalement, je vais rester dans le droit chemin. On ne se refait pas, à mon âge…

– Si c'est une question de montant, proposa Buglose, dégainant à nouveau son Mont Blanc.

– Non, non, c'est plutôt une question de respect de soi, répondit Roger. Mais il est vrai que c'est une notion avec laquelle vous avez toujours eu un peu de mal.

– Vous ne pourrez rien prouver, répéta Buglose, le regard fixe. Ça durera des années. Il y aura des batailles d'experts. Il faudra convaincre des wagons de juges…

– Nous n'irons pas jusque-là, sourit Roger. Mais l'enregistrement de cette conversation devrait suffire à émouvoir votre actionnaire. Mes ambitions se limitent à cela.

– Et les journalistes ? demanda Buglose, le visage blêmissant.

– Pas de journalistes, répondit Roger. Bluff total. Avec la complicité de la belle Anne-Marie qui n'a pas pu résister à l'idée de vous voir vous faire virer sans indemnités.

– Vous n'êtes qu'un infâme salopard ! gronda Buglose.

– Venant de vous, cher Président, dit Roger en s'inclinant, je considère ça comme un compliment. »

DÉBRIEFING-REPLAY : RALENTI ET SOUS-TITRES

Il n'était pas loin de seize heures lorsque Michel Buglose pénétra dans son bureau avec l'idée de faire une petite sieste, très satisfait de son altercation avec Anne-Marie.

[Charlie : « Le voilà ! »/Géronimo : « yesss ! »/ Max : « Ça ne se fait pas de mettre ses pieds sur la table et de rentrer dans le bureau des gens par effraction. »/Les autres : « MAX, TU AVAIS PROMIS DE LA BOUCLER ! »]

Et dans son bureau, il y avait déjà quelqu'un, assis dans son fauteuil, les pieds sur la table, le visage dans l'ombre. L'attitude cadrait tellement mal avec le souvenir qu'il gardait du personnage que Buglose mit plusieurs secondes à reconnaître, avec incrédulité, Roger Sfax.

[Charlie : « C'est bien, laisse-lui le temps de se demander ce qui se passe. »/ Géronimo : « Il ne peut pas imaginer que Roger Sfax soit assez barjot pour venir le défier. »] Comment cette conne avait-elle été assez stupide pour le laisser rentrer ? Décidément, elle venait de signer sa lettre de licenciement.

« Qu'est ce que vous fichez là ? demanda sèchement Buglose. J'appelle la sécurité.

[Max : « Voilà, je vous avais prévenus, il nous met dehors ! »/ Charlie : « Tais toi, Max. Bon, on se la joue jovial, content de le voir et tout, mais assez insolent sur le fond. »/ Géronimo : « N'oublie pas de le tacler sur le fait qu'il rentre de déjeuner à quatre heures de l'après-midi. »/Rogiciel : « Ses signes comportementaux semblent indiquer qu'il est un peu éméché, donc en vigilance basse. »]

– Bonjour Monsieur le Président, dit Roger Sfax avec un grand sourire. Alors, bon déjeuner avec Gourbera ? (Il regarda sa montre.) Oui, ça en a tout l'air. Figurez-vous que je passais dans le coin. Je me suis dit : tiens, je vais aller dire un petit bonjour à ce cher vieux Buglose. Il doit sûrement se demander ce que je deviens, après tous ces mois sans nouvelles…

Buglose avait déjà la main au-dessus du téléphone, mais il suspendit son geste. Il avait un tas de défauts, mais il était fin. Il savait flairer les situations. Il y avait là quelque chose qui ne cadrait pas. Sfax n'aurait jamais osé s'introduire ainsi dans son bureau. Ni s'asseoir dans son fauteuil. Ni mettre ses pieds sur la table. Et avait-il vraiment dit « ce cher vieux Buglose » ? Impossible. Ca devait être l'armagnac.

[Charlie : « Voilà, il est intrigué. Il a flairé quelque chose, mais il ne sait pas quoi. On en rajoute une louche dans la provocation, maintenant. »/ Rogentil : « Quand même, les gars, vous êtes un peu gonflés de lui parler comme ça ! »/ Géronimo : « Chuut ! laissez-nous travailler. »]

– Sortez de ce bureau sans faire d'histoires, Sfax. Ou il va vous arriver des bricoles.

– Je tremble de peur, répondit Sfax en ôtant ses pieds du bureau, mais sans faire mine de se lever le moins du monde. Asseyez-vous, Monsieur le Président. Nous avons à parler.

– Je n'ai rien à vous dire, rétorqua Buglose. Enlevez vos stupides fesses de mon fauteuil et laissez-moi travailler.

[Max : « Vous n'allez tout de même pas le laisser nous insulter ! Il est temps de répliquer vertement. Montrons-lui de quel bois nous nous chauffons. »/ Charlie : « N'en faisons rien. On reste zen. On le fait monter en régime. »/ Géronimo : « Laissez-nous faire, les mecs, faites-nous confiance, tout se passe comme prévu. »/ L'Ingénieur : « Le schéma est satisfaisant. »]

– Votre fauteuil, hein ? sourit Sfax. Il fit faire un tour complet au siège. Décidément, ce n'était pas le Sfax dont il se souvenait. Il souriait, répondait du tac au tac, le provoquait.

[Charlie : « Allez, on lui met un petit coup de pression, pour voir. »]

– Formidable, ce fauteuil, poursuivit Sfax. Très confortable, en effet. Et s'il se transformait en siège éjectable ?

– Vous me menacez, Sfax ? demanda Buglose en s'asseyant dans le canapé. Si c'est le cas, il vous faudra répondre de vos propos.

[Géronimo : « Qu'est-ce que tu penses, Rogentil ? »/Rogentil : « Je sens qu'il s'énerve, il est sur la défensive. »/ Charlie : « Excellent, il fonce droit dans le mur. »/ Max : « Les gars, j'espère vraiment que vous savez ce que vous faites. »]

– Menacer ? s'offusqua Roger. Quel vilain mot. Mais voyons, entre gens de bonne compagnie, on ne se menace pas, cher Président. On discute. On s'arrange.

Là, instinctivement, Buglose se retrouvait en pays de connaissance. Mais ce gros lourdaud de Sfax était bien la dernière personne qu'il aurait imaginer rencontrer sur ce terrain-là. Sfax ne pouvait pas avoir appris les règles de ce jeu en, quoi, six mois ? Il venait sans doute encore râler d'avoir été licencié et quémander quelques misérables indemnités en le menaçant d'un Prud'homme, faire son petit numéro d'honnêteté bafouée, de Saint Just incorruptible et incompris.

– Bon, lança -t-il sèchement. Vous m'avez vu. On a bien discuté. Maintenant vous sortez, ou j'appelle la sécurité.

[Charlie : « On ne bouge pas. Vous allez voir, il va venir tout seul.»/ Max : « Mais… et s'il appelle la sécurité ? »/ Charlie : « T'inquiète, mon pote. Tu vas voir, il va venir nous manger dans la main. »/ Géronimo : « On devrait faire un truc de cow- boy, du genre sucer une allumette »/ Charlie : « Excellente idée ! C'est le détail qui tue. »]

Sfax resta silencieux, une flamme étrange dans le regard. Il prit une allumette et la ficha au coin de ses lèvres. Il y eut un petit silence, où les deux hommes se jaugeaient sans qu'aucun d'eux ne bouge.

– Eh bien qu'attendez-vous ? demanda Sfax, se renversant dans le fauteuil et croisant les mains derrière sa tête. Je croyais que vous deviez appeler la sécurité.

– Bon, Sfax, assez finassé. Dites-moi ce que vous êtes venu me dire et fichez le camp.

[Charlie : «Et voilà le travail ! Maintenant, on continue à tourner autour du pot et on l'affole. »/ Max : « Affoler Michel Buglose ? On voit bien que tu ne le connais pas. »/Géronimo : « On le connaît aussi bien que toi, Maxou. On était enfermés, mais on avait quand même accès aux informations. Détends-toi et profite du spectacle. »]

Sfax sembla hésiter.

– Oui, bof, je ne sais plus trop, fit-il. Finalement, je me demande si je ne devrais pas laisser les choses suivre leur cours sans intervenir. Qui suis-je, après tout, pour me mêler de vous sauver la mise ?

– Me sauver la mise ? Mais de quoi est-ce que vous me parlez ?

Roger fit à nouveau effectuer un tour complet au fauteuil de direction.

– Il est vraiment impeccable, ce fauteuil, confirma-t-il. Je comprends que vous y teniez.

– Bon, alors, accouchez ! s'énerva Buglose.

[Charlie : « Ça y est, il est mûr, on peut envoyer la phase 2.»/ Rogentil : « Oui, je sens bien son émotion, il est en colère, et inquiet.»/ Rogiciel : « Je vous passe le script qu'on a préparé.»/ Géronimo : « On reste faux- cul et onctueux, mais on ne le laisse placer aucun ballon. »]

Roger leva les mains en signe d'apaisement.

– Pas d'impatience, cher ami. Nous y venons, puisque vous insistez. Je pensais juste à l'erreur humaine, celle qui guette chacun d'entre nous.

– L'erreur humaine ?

– Oui, par exemple celle du pilote de Nigerian Airlines. Vous vous souvenez de cet accident, je suppose ?

– Abrégez, Sfax, dit Buglose en se levant du canapé et en venant s'asseoir en face de lui. Je ne suis pas sûr que nous ayons le même genre d'humour.

– Quel dommage, soupira Roger. Mais je dois reconnaître que vous avez raison. D'ailleurs, en ce qui vous concerne, vous n'avez pas d'humour du tout.

[Géronimo : « Voilà, bien envoyé ! Prends-toi ça dans les gencives, mon gros ! »]

Enfin, bref. L'enquête de l'aviation civile nigériane a conclu à une erreur du pilote. En un temps record. Une enquête rondement menée, si vous voulez mon avis. C'est pour ça que je me dis que vous avez eu beaucoup de chance.

Buglose ne fit pas un geste, mais sous ses paupières tombantes, ses gros yeux pâles prirent un éclat glacé.

– Développez, dit-il.

[Charlie : « Ça y est, il est accroché .»/ Rogentil : « Vous avez vu ses yeux ? »/ Max : « Je ne me sens pas très bien, je n'aime pas cette situation .»/ L'Ingénieur : « Max, tout va bien. Reste avec nous. Respire. Nous ne faisons rien de mal. »]

– Imaginons que les investigations se soient tournées vers la recherche d'une défaillance technique, un problème d'avionique, par exemple. Après tout, ces Airbus, nous les connaissons bien. Nous savons bien pourquoi ils volent sur Nigerian plutôt que sur Air France ou Lufthansa…

– Eh bien si tel avait été le cas, répondit Buglose avec un mauvais sourire, nous aurions produit le dossier de maintenance de cet appareil…

– … dossier épais d'environ deux mille pages auquel il ne manque pas un bouton de guêtre, en effet, termina Roger. J'ai eu un peu de temps libre dernièrement et j'ai pu apprécier son extrême précision. Un modèle du genre.

– Je crois que je vois où vous voulez en venir, dit Buglose après un instant de réflexion. Le motif de votre licenciement était en effet lié à cet accident. L'avion sortait de nos ateliers. La presse était à la porte de mon bureau. Il fallait donner un signe fort à nos amis américains. Mais si le dossier de maintenance est si impeccable que vous le dites…

[Charlie : « Il commence à lâcher du lest, c'est bon, on maintient la pression. Vous allez voir, il va commencer à négocier »/ Rogiciel : « Attention, il cherche à biaiser l'argumentation à son profit. »/ Géronimo : « On ne laisse pas passer, on le tacle. »]

– … C'est vous qui le dites. Et vous le savez très bien.

– … c'est donc que vous n'avez commis aucune faute personnelle, c'est ça votre argument ? Bah, nous étions tous sous pression, nous n'avons peut-être pas pris suffisamment de recul. Il est hors de question de vous réintégrer, si c'est ce que vous aviez derrière la tête. (« On a eu assez de mal à se débarrasser de toi, pauvre taré ! » pensa -t-il) Mais nous pourrions peut-être, je dis bien peut-être, envisager de réexaminer le montant de votre indemnité.

[Charlie : « Ça y est, il sort son chéquier. On envoie la phase 3. Prêt Rogiciel ? »/ Rogiciel : « Paré à la manœuvre. Tout est sous contrôle .»/ Rogentil : « Attention, surchauffe d'émotion à l'unité Culpabilité. »/ Charlie : « Max, arrête immédiatement ! »/ L'Ingénieur : « Je m'en occupe. Max, on va envoyer toute cette culpabilité au service études, pour l'analyser, d'accord ? »/ Max : «… J'ai l'impression que nous sommes malhonnêtes. »/ L'Ingénieur : « C'est une croyance, Max. Juste une façon de voir les choses. Tu n'as rien à te reprocher. »/ Max : « Ça me soulage un peu. »]

Le visage de Roger prit une expression de profonde tristesse.

– Ah, Monsieur le Président, cher ami, vous m'offensez. Penser que ma démarche puisse avoir une motivation aussi bassement égoïste. Alors que ma seule préoccupation, c'est de vous aider, et à travers vous, d'aider la SOFERBA.

« C'est ça, cause toujours », pensa Buglose. Il se sentait déstabilisé par le comportement de Sfax. Il avait eu la certitude de le connaître, de pouvoir le manipuler à sa guise, mais cette assurance, cette insolence l'intriguaient. Comment pouvait-il être aussi sûr de lui ? Il y avait quelque chose de pas net là-dessous.

– Non, continua Roger en se penchant vers Buglose. Ce qui m'inquiète, c'est si les enquêteurs ne s'étaient pas contentés du dossier. S'ils s'étaient mis par exemple à interroger les ouvriers sur la réalité des opérations effectuées.

Buglose battit des paupières.

– Parfaitement absurde, cracha -t-il. Personne ne fait jamais ça. Tous les documents sont signés et contresignés, parfaitement en règle. D'ailleurs, l'analyse des boîtes noires a fait ressortir sans aucune ambiguïté l'erreur de pilotage en étape de base.

[Charlie : « Il est dans la nasse, on n'a plus qu'à le ramasser. Où en est cette histoire de culpabilité ? »/ Rogiciel : « C'est bon, les taux sont retombés sous le seuil d'alerte. »/ Tous : « Merci, Max, on est avec toi. »/ Max : « Les gars, c'est formidable que vous soyez là ! »/ Géronimo : « Waow... est-ce que j'ai bien entendu ? »]

– J'entends bien, répondit Roger, mais imaginez que quelqu'un d'un peu maniaque ait eu l'idée d'aller fouiller dans tous les détails des milliers de petites opérations qui aboutissent au certificat de navigabilité d'un de ces gros porteurs, et qu'il puisse interroger les ouvriers qui les ont réalisées... ou sont censés les avoir réalisées. Quelqu'un d'un peu maniaque, avec beaucoup de temps devant lui...

– Simple hypothèse de travail, dit Buglose. Admettons qu'un tel maniaque puisse effectuer cette démarche hypothétique et illégale sans se faire accuser d'espionnage, de violation de propriété privée et d'une demi-douzaine d'autres délits, que risquerait-il d'en conclure ?

– Vous n'allez pas le croire ! s'exclama Roger. Il se rendrait compte qu'il manque près de 20 % des opérations répertoriées dans le dossier. Incroyable, non ? Oh, pas des choses essentielles, bien sûr. Rien qui mette réellement en danger la sécurité des passagers. Mais un tas de petites choses.

[Charlie : « Rogiciel, on envoie le dossier. »/ Rogiciel : « OK, c'est parti. »]

Tenez, dit-il en retirant de sa poche intérieure quelques feuilles de listing agrafées, je vais vous donner quelques exemples…

– C'est inutile, protesta Buglose un peu trop vivement, repoussant cette proposition d'un geste de la main.

Il se leva et se mit à faire les cent pas, les mains derrière le dos. Par quel hasard incroyable ce loser avait-il pu se procurer ces informations ?

[Charlie : « On le laisse réfléchir. Il est en train de reconsidérer l'ensemble de la situation. Maintenant, il va essayer de voir ce que nous avons dans notre dossier. »]

Non, dut reconnaître Buglose, soyons honnêtes, ce n'est pas un hasard. Nous nous sommes trompés de bout en bout sur Roger Sfax. Nous l'avons totalement sous-estimé. Nous l'avons pris pour un vieux gestionnaire en bout de course qui ne voyait pas plus loin que le bout de son budget. Ah, il cachait bien son jeu, le vieux renard !

– Une dernière question, dit-il en se rasseyant. Dans ce qui n'est qu'une hypothèse de travail, quel serait l'intérêt d'une société de maintenance aéronautique reconnue et ayant pignon sur rue à risquer sa réputation dans de telles manœuvres ?

– Ah, fit Roger en hochant la tête, c'est exactement la question que je me suis posée. Et la réponse est : aucun. Une telle société n'aurait absolument aucune raison de risquer sa réputation. En revanche, les compagnies aériennes étrangères, en particulier les plus fauchées, celles du tiers-monde, pourraient être intéressées par des certificats de navigabilité à moindre coût, obtenus sans trop de difficultés.

– Encore faudrait-il qu'ils convainquent la société en question…

– … ou certains de ses dirigeants. À l'aide d'un compte numéroté dans un paradis fiscal, par exemple, richement approvisionné. Mais là, je conjecture. Je ne peux rien prouver…

[Charlie : « Allez Géronimo, on lui met le coup de grâce. »/Géronimo : « C'est bon, bienvenue sur les ondes de Radio Sfax ! »/ Max : « On est en train de mentir là, non ? »/ Rogentil : « Question de point de vue, Max. Ne t'inquiète pas, il y en a pour cinq minutes. Après on lui dit la vérité. »]

– … on se contentera de faire relayer ces hypothèses par la presse spécialisée.

– La presse ? sursauta Buglose. Pourquoi aller mêler la presse à tout cela ?

– Uniquement dans l'intérêt de la SOFERBA, cher ami. Vous connaissez les Américains, ils ont horreur de ce genre de publicité, qui fait immédiatement plonger le cours du titre. Au moindre entrefilet, ils vont débarquer avec une armée d'audits, le doigt sur la gâchette, pour remettre de l'ordre dans leur filiale. Et je suppose que vous-même êtes impatient que cesse ce genre de pratique.

– Euh… oui, bien sûr, confirma Buglose. Mais la presse, c'est la dernière chose dont nous avons besoin dans cette situation.

– Ne vous inquiétez pas. Vous n'avez rien à craindre, du moment que vous n'êtes pas impliqué. Et connaissant votre profonde exigence éthique, cher Président, je crois pouvoir dire qu'il n'y a aucun doute là-dessus. Venez, nous allons leur parler ensemble.

– Comment cela, leur parler ? demanda Buglose d'une voix soudain plus aiguë.

[Géronimo : « Et hop ! C'est là qu'on rigole ! »]

Roger feignit la surprise.

– Ah oui. Je ne vous avais pas dit. Suis-je distrait ! C'est le chômage, ça vous réduit les neurones en compote. Je me suis permis de convoquer une petite conférence de presse. Oh, cinq ou six journalistes de la presse aéronautique. Des amis à moi, assez récents, d'ailleurs. Autrefois, du temps où je travaillais pour vous, je n'avais pas d'amis. Mais nous pourrions aussi leur annoncer, je ne sais pas, moi, tenez : ma réintégration. Ou les résultats semestriels de la SOFERBA. Ou leur parler du nouveau hangar de peinture des gros porteurs. C'est à nous d'en décider et à nous seuls, n'est-ce pas, cher ami ?

Buglose appuya sur le bouton de l'interphone.

– Anne-Marie ! beugla -t-il dans l'appareil, des journalistes se sont-ils présentés ?

– Oui, Monsieur le Président. J'ai vérifié leurs accréditations et je les ai installés en salle du Conseil. Je leur ai servi des rafraîchissements ; ils vous attendent.

[Charlie : « Hé hé ! »/ Géronimo : « Nickel chrome ! »/ Rogiciel : « Echec et mat !»/ Max : « Je préfère ne rien dire. »]

Le Président coupa la communication et se tourna vers Roger, l'air impressionné.

– Écoutez, Sfax, déclara -t-il d'un ton presque amical, je dois avouer que je vous avais totalement sous-estimé. J'ai presque envie de vous réintégrer et de vous proposer un vrai boulot. Mais enfin, je me doute bien que vous n'êtes pas venu pour ça.

[Charlie : « Autrement dit, s'il avait su que Roger Sfax était un pourri, il l'aurait bien traité et estimé. Tu entends ça, Max ? »/Max : « Je suis effondré. Je me suis trompé sur toute la ligne. »/ Rogentil : « Ne sois pas si sévère, tu as fait ce que tu as pu. »]

Tout en parlant, il sortit de sa poche un Meisterstück Mont Blanc et inscrivit un chiffre au dos d'une carte de visite. Il retourna la carte et la fit glisser d'un doigt vers Roger, face contre le bureau.

– Cette conversation n'a jamais eu lieu, bien entendu. De toute façon, vous n'auriez rien pu prouver. Mais je ne tiens pas à voir la réputation de la boîte salie dans la presse. Notre actionnaire pourrait s'en émouvoir.

Roger prit la carte et la retourna. Ses yeux s'arrondirent. Il se tourna quelques secondes vers la fenêtre, regardant le ciel, se passant la main sur le crâne, puis sur le menton, fronçant les sourcils, apparemment en proie à un violent débat intérieur.

[Charlie : « Non mais vous avez vu la somme ? Quel paquet de pognon ! Moi je suis d'avis qu'on accepte. »/ Géronimo : « D'accord avec Charlie. On prend l'oseille et on se tire. »/ Rogiciel : « J'ai fait tous les calculs : placés à 6 %, ça nous rapporterait de quoi vivre au soleil pendant un bon bout de temps. »/ Rogentil : « C'est vrai, il y a de quoi se poser très franchement la question. »/ Max : « N'Y PENSEZ MÊME PAS ! »/ L'Ingénieur : « Messieurs, je crois qu'il faut se calmer un peu et se souvenir de ce que nous sommes venus faire ici.»/ Charlie : « Oui mais quand même… »/ Géronimo : « Pfff, laisse tomber, on n'aura jamais gain de cause… »/ Max : « Ah, mais ! »]

Puis se rapprochant du bureau, s'éventant avec la carte, il dit :

– Je dois avouer que je suis tenté. Très tenté. Du moins, pour ce qui concerne toute une partie de moi. Mais finalement, je vais rester dans le droit chemin. On ne se refait pas, à mon âge…

[Charlie et Géronimo : « Grrrr ! »/ Max : « Allez les gars, un petit sourire, ne lâchez pas la barre, vous êtes les meilleurs. »]

– Si c'est une question de montant, proposa Buglose, dégainant à nouveau son Mont Blanc.

– Non, non, c'est plutôt une question de respect de soi, répondit Roger. Mais il est vrai que c'est une notion avec laquelle vous avez toujours eu un peu de mal.

–Vous ne pourrez rien prouver, répéta Buglose, le regard fixe. Ça durera des années. Il y aura des batailles d'experts. Il faudra convaincre des wagons de juges…

– Nous n'irons pas jusque-là, sourit Roger. Mais l'enregistrement de cette conversation devrait suffire à émouvoir votre actionnaire. Mes ambitions se limitent à cela.

[Géronimo : « GOAAAAAL ! »]

– Et les journalistes ? demanda Buglose, le visage blêmissant.

– Pas de journalistes, répondit Roger. Bluff total. Avec la complicité de la belle Anne-Marie qui n'a pas pu résister à l'idée de vous voir vous faire virer sans indemnités.

[Charlie : « Et qui c'est qui qui l'a emballée, la belle Anne-Marie ? »/ Géronimo : « Et qui c'est qui qui a eu l'idée de la fausse conférence de presse ? »]

–Vous n'êtes qu'un infâme salopard ! gronda Buglose.

–Venant de vous, cher Président, dit Roger en s'inclinant, je considère ça comme un compliment. »

[Tous : « On a ga – gné ! On a ga – gné ! »]

QUELQUES SEMAINES PLUS TARD…

Roger fait le tour des visages attentifs rassemblés dans la salle du Comité de Direction. Même l'Ingénieur accepte désormais d'occuper sa place autour de la table et de s'asseoir dans un fauteuil. Il lui arrive même de prendre la parole spontanément.

Personne ne se formalise plus de la tendance des pieds de Charlie à se poser sur la table. Quant à Géronimo, il peut venir en combinaison de plongée (il l'a fait), en tenue de mécanicien ou déguisé en Capitaine Crochet (il l'a fait aussi), chacun sait que c'est sa façon d'être et accepte ses excentricités, au regard de la contribution qu'il apporte à l'ensemble de l'entreprise. Même Max, qui l'eût cru, commence à se décoincer. Il lui arrive même parfois de rire franchement aux pitreries de son collègue.

Comme à chaque fois qu'il se retrouve réuni avec eux, Roger sent une tiède vague de bien-être couler sur ses épaules. « Que de chemin parcouru en quelques mois ! » se dit-il en contemplant avec fierté son équipe intérieure. Le soleil entre à flots par les baies vitrées de la salle de réunion, un soleil qui à présent, brille la plupart du temps sur son entreprise intérieure. Les gros nuages noirs et les pluies d'antan semblent n'être plus qu'un lointain souvenir. Dire qu'il n'y a pas si longtemps, la plupart de ces collaborateurs talentueux étaient enfermés dans des culs de basse fosse. Comment a-t-il pu se priver de leur intelligence, de leur humour, de leur inébranlable envie de bien faire ? Comment a-t-il pu perdre à ce point le contact avec ses sources vives ?

« Avant de passer au vote, dit-il, je voudrais vous féliciter une nouvelle fois pour tout le travail accompli. Notre usine est désormais remise à neuf et fonctionne à plein régime. Les circuits de production ont été réorganisés et rationalisés avec succès. Le personnel a été réaffecté à des tâches productives et la plupart des salariés a pu recevoir une formation qui lui a permis d'évoluer. Nos procédures de sécurité ont été allégées et mieux orientées, au terme d'un audit qui nous a permis de distinguer nos vraies priorités…

Il s'interrompt pour s'éclaircir la voix.

– … il nous reste maintenant à prendre une décision importante. Comme vous le savez, l'opération menée de main de maître par Charlie et Géronimo, que je félicite encore une fois, a parfaitement fonctionné. Je voudrais aussi remercier Max pour avoir accepté de leur laisser les commandes, bien qu'il lui en coûte (petit hochement de tête satisfait de l'intéressé). Vous avez tous été magnifiques. Michel Buglose et Francis Gourbera ont été renvoyés de la SOFERBA.

Diverses manifestations d'allégresse s'expriment autour de la table, qui vont du battement de paupières au hurlement sauvage.

– … j'ai rencontré à plusieurs reprises le Managing Director de Western Airborne pour l'Europe et il me propose – je veux dire il *nous* propose – de succéder à Buglose en tant que PDG de la SOFERBA afin de remettre de l'ordre dans la filiale.

– Et puis c'est un bon moyen de nous contrôler, des fois que nous aurions envie d'utiliser ce que nous avons découvert, complète Max.

– D'autant qu'ils offrent un paquet de pognon, renchérit Charlie. Beaucoup plus que ce que nous avons jamais gagné depuis que les Établissements Roger Sfax SA existent.

– Sans parler des stock-options, ajoute Rogiciel. J'ai fait tous les calculs : il y en a pour une fortune.

– Et la voiture de fonction, lance Géronimo en mimant un pilote de Formule 1, Au moins une Ferrari…

– … je verrais plutôt une Bentley, si tu permets, rectifie Max.

Seul, l'Ingénieur ne dit rien. Immobile, concentré, il semble attendre la suite. Roger reprend la parole :

– Je vois qu'aucun détail de cette proposition n'a de secret pour vous. J'ajoute qu'à mon avis, nous sommes parfaitement capables de réussir cette mission. Mais la question posée aujourd'hui est : *en avons-nous envie ?*

– Gagner des monceaux d'argent ! lance Charlie.

– Et prendre une revanche totale sur Buglose, ajoute Max.

– Sans compter les stock-options, la voiture de fonction, rappelle Rogiciel.

– S'occuper des gens qui travaillent à la SOFERBA, leur redonner confiance, les aider à grandir, complète Rogentil.

– Il faudrait être fou pour refuser, non ? résume Géronimo.

La voix calme de l'Ingénieur se fait alors entendre :

– Je crois que nous ne répondons pas à la question, dit-il. Tout ceci n'est pas rien. *Mais en avons-nous envie ?*

– Pfft ! souffle Géronimo, moi, ce qui importe, c'est que ça bouge et qu'on rigole.

– Pour ma part, insiste Max, un doigt levé, je dis que nous n'avons pas le droit de refuser ce poste important, qui nous permettra de remettre une éthique et des valeurs dans cette entreprise.

Assis à l'envers sur sa chaise, les bras croisés sur le dossier, Charlie prend la parole à son tour :

– Moi, franchement, je suis tenté par tout ce pognon. Mais d'un autre côté, il n'y a pas plus casse-pieds que les Américains. Ils vont toujours nous demander des comptes, être sur notre dos. J'ai peur que nous perdions notre autonomie.

– J'ai analysé la proposition en détail, dit Rogiciel en ouvrant un volumineux dossier posé devant lui. Logiquement, nous aurions plus de raisons de l'accepter que de la refuser… logiquement.

– C'est tellement ennuyeux d'être logique, fait remarquer Géronimo. Pourquoi serions-nous rationnels ?

– Parce qu'il y a des gens qui attendent notre aide, répond Rogentil. Nous n'avons pas le droit de les décevoir.

– Minute papillon, l'interrompt Charlie. Nous avons tous les droits. C'est notre vie à nous.

– Bien parlé Charlie ! lance Max. En fait, l'idéal, ce serait de pouvoir diriger cette entreprise, mais en toute liberté, avec notre éthique et nos méthodes à nous, en y faisant des choses qui nous intéressent… et qui nous amusent.

– Je crois que j'ai une idée à vous proposer, dit l'Ingénieur en souriant. »

Quelques instants plus tard

Les sept hommes sortent du Comité de Direction (rebaptisé « Villa Mon Désir » par Géronimo) et vont rejoindre l'assemblée générale des actionnaires, qu'ils ont réunie pour leur annoncer les dernières nouvelles. La salle de réunion souterraine ne sert plus depuis qu'elle a été transformée en entrepôt de stockage d'habitudes en cours de remise à jour. La foule des actionnaires a été réunie sur une grande esplanade construite à proximité des deux usines. Des buffets ont été dressés à l'abri de vastes tentes blanches et bleues. D'anciens Roginators passent parmi les convives pour leur proposer des boissons et des plateaux de petits fours. Il y a encore plus de monde que la première fois et une ovation accueille les sept dirigeants de l'entreprise. Les pilotes, en particulier, ne manquent pas de faire un triomphe à Roger en lui distribuant force clins d'œil et claques dans le dos. Puis le silence se fait, tandis qu'il monte sur une petite estrade décorée de guirlandes et de calicots. Il n'y a ni pupitre, ni micro, ni écrans vidéo, Géronimo et Rogentil lui ayant conseillé de s'adresser directement aux gens, sans rien qui éloigne ou qui casse le contact.

« Vous m'entendez ? demande Roger.

Une ovation lui répond. L'ambiance est celle d'une fête, une fête pour lui seul à l'intérieur de lui-même avec toutes les parties de lui réunies sous une même bannière et communiant dans la joie de réaliser le même projet.

– Je ne vais pas faire de long discours, dit-il. Avant de passer la parole à Max de la Rogière et Charlie Rodgers afin qu'ils vous soumettent l'avis du comité de direction après examen de la proposition qui nous a été faite dans la vie extérieure, je voudrais simplement vous dire combien je suis heureux d'être ici au milieu de vous tous, combien je vous suis reconnaissant de m'avoir aidé à grandir.

Une nouvelle ovation répond à ces paroles. Un homme s'avance. C'est Rogos, vêtu d'une salopette neuve ornée du badge de son nouveau syndicat : « N'oublions Jamais d'Où Nous Venons ».

– Je voudrais me faire l'interprète de l'ensemble du personnel des Établissements Roger Sfax SA pour vous remercier, à notre tour, d'être revenu vers nous aux heures les plus sombres, de nous avoir tendu la main alors que vous aviez peur de nous, de nous avoir tiré des ténèbres et permis de voir le soleil. (« Mais c'est le contraire, pense Roger, c'est *vous* qui m'avez tiré des ténèbres. ») Je voudrais également au nom de tous vous demander d'accepter la Présidence à vie de cette entreprise. Ce qui implique, ajoute-t-il après quelques instants, de rester avec nous et de cesser vos déplacements vers l'extérieur.

Roger lève les bras pour faire taire les applaudissements. D'une voix ferme, il dit :

– J'accepte bien volontiers l'honneur que vous me faites. Et il est hors de question que je cesse de vivre à l'extérieur. Ce serait une attitude suicidaire, autant pour moi que pour nous tous. Ma place est à l'extérieur, c'est le monde auquel j'appartiens. Mais ma place est également ici, avec vous. Car c'est vous qui me donnez la force de réussir dehors. C'est votre intelligence, votre courage, vos rêves, qui s'expriment à travers moi. Je veux bien être votre PDG pour la vie, je prends l'engagement de ne plus vous oublier et de rester à vos côtés en toutes circonstances. Mais cette entreprise est dirigée par une équipe de gens formidables, complémentaires, qui se battent à vos côtés, pour nous tous. Ma réussite, c'est votre réussite. Alors acceptez que ma place soit à moitié hors du monde, tout comme moi j'ai accepté de vous rendre votre place légitime à l'intérieur de moi. Vous serez toujours présents en moi, je serai toujours présent pour vous… enfin merde, en un mot, j'essaye de vous dire que JE VOUS AIME, tous autant que vous êtes.

Alors ils viennent vers lui, ils l'entourent, ils le prennent dans leurs bras, ils lui sourient, les yeux brillants, lui offrant sans un mot leur confiance, scellant définitivement le pacte qu'ils ont conclu avec lui sous terre, par une sombre nuit d'hiver.

Une vibration se fait ressentir sur sa hanche. Son portable. Il y a bien longtemps qu'il ne l'a pas utilisé. La voix du coach retentit dans le combiné :

– Je crois que là, on peut dire que la mission est terminée, non ? »

ÉPILOGUE

Extrait de « L'Actualité Aéronautique », newsletter sectorielle spécialisée :

LA SOFERBA RELANCE UNE ACTIVITÉ DE CONCEPTION DE SYSTÈMES

On se souvient des remous qui ont agité récemment la firme aéronautique bordelaise, principale filiale européenne du Groupe américain Western Airborne. Le PDG de cette firme, M. Michel Buglose et son adjoint, le Directeur Commercial, M. Francis Gourbera avaient en effet quitté l'entreprise assez brusquement, prétextant officiellement un « différend avec l'actionnaire sur la stratégie de l'entreprise », différend qui, selon les rumeurs qui avaient couru à l'époque, n'était pas sans rapport avec la gestion de l'accident de l'Airbus A 320 des Nigerian Airlines.

Après avoir procédé à une étude stratégique, le groupe vient de décider de relancer une activité de recherche et de conception de systèmes d'avionique avancée (cette activité avait été revendue par M. Buglose, au motif qu'elle n'était pas suffisamment rentable). Ce département travaillera pour le compte du Consortium Airbus, dont il sera en quelque sorte la tête chercheuse, mais aura la liberté de développer ses propres

programmes et d'exploiter librement ses propres brevets.
La mise en place et la Direction de cette nouvelle entité ont été confiées à M. Roger Sfax.
À 49 ans, ingénieur de formation, M. Roger Sfax a effectué tout son parcours professionnel au sein de Sud-Ouest Aviation, puis de la SOFERBA, qu'il quittait en septembre dernier, juste au moment de l'affaire Nigerian. Après avoir passé un an à « travailler sur un chantier personnel », selon ses termes, Roger Sfax devient le numéro 2 de l'entreprise, dirigée désormais par Jean-Louis Le Braz, son ex-directeur informatique. Le périmètre de l'activité de M. Sfax inclura toutes les activités de recherche et de développement (soit 250 personnes, pour la plupart ingénieurs et techniciens de haut niveau). Il interviendra également au quotidien dans le management de la SOFERBA, dont il reprend les programmes d'innovation et de qualité.
Beaucoup de casquettes en perspective pour un seul homme, qui a déclaré à notre reporter : « L'essentiel, si l'on veut réussir à porter beaucoup de casquettes, c'est d'avoir beaucoup de têtes. »

CONCLUSION

PDG de soi-même ou la capacité d'assurer un équilibre dynamique et épanouissant entre les diverses facettes de sa personnalité

SOUHAITONS À ROGER SFAX une merveilleuse réussite dans sa nouvelle carrière, une carrière qu'il a choisie et construite en accord avec toutes les composantes de sa personnalité. Nous avons suivi pas à pas sa métamorphose, depuis le temps où, cadre supérieur surmené et malheureux, il a accepté d'entreprendre ce voyage en lui-même, se confrontant courageusement à des fantômes venus du fond de son passé et constatant que ces fantômes venaient à lui les bras chargés de présents[1]. Tel un alchimiste, pour transmuer le plomb en or, il lui a suffi de transformer le regard qu'il portait sur le plomb.

Au terme de ce voyage, Roger Sfax s'est enrichi de plusieurs découvertes capitales :

✓ Alors qu'il se croyait taillé d'une seule pièce, homogène comme un bloc de granit, il a compris que ce qu'il appelait sa personnalité est en fait un équilibre subtil entre de nombreuses sous-personnalités, dont chacune possède son propre système de représentation, ses valeurs, ses priorités, et cherche sans arrêt à influencer son comportement.

✓ Lorsqu'il a cherché à s'approcher de ses sous-personnalités, il a pu constater que certaines d'entre elles avaient envahi tout son espace

1. … et de présent !

intérieur, prenant le pouvoir sur l'ensemble de sa vie, et se défendant farouchement contre tout ce qui leur apparaissait comme une menace.

✓ Il a appris à ne plus se considérer comme un surhomme capable de tout contrôler en permanence, mais comme un homme habité par des émotions et des conflits qui le débordent parfois et le font réagit de façon apparemment irrationnelle.

✓ Il a appris à rester modeste face à ses guerres intérieures, comprenant que pour apprivoiser une partie de notre personnalité qui nous « envoie » des comportements inopportuns, la pire des solutions est d'essayer de la repousser à coups de pieds aux confins de notre territoire conscient. En effet, tant que nous ressentons de la haine pour l'une de nos sous-personnalités, elle se mure dans un silence blessé et se montre incapable de s'intégrer à l'édifice de notre personnalité. Dès lors, elle est contrainte de faire passer ses messages et avertissements « en contrebande », barrée par les sous-personnalités dominantes mais s'efforçant malgré tout de faire notre bien à notre insu en nous imposant par intermittences ses croyances et ses comportements.

La découverte de notre entreprise intérieure ne nous offre pas seulement de puissantes ressources pour prendre des décisions, négocier, piloter notre carrière, nouer avec les autres des relations riches et harmonieuses. La principale découverte qu'opère Roger Sfax, au fil du redressement de son entreprise intérieure, c'est un sentiment subversif, une chose interdite par bien des religions et des cultures : le respect bienveillant de toutes les parties de nous-mêmes, sans jugement. En un (gros) mot : l'amour de soi.

C'est cet amour de nous-mêmes qui nous guérit. C'est lui qui nous permet de reconquérir progressivement notre intégrité, comme si nous ouvrions progressivement les volets d'une maison trop longtemps obscure dont nous n'occupions qu'une ou deux pièces. « Vous serez toujours en moi, je serai toujours avec vous », promet Roger aux actionnaires de son entreprise intérieure. Et nos actionnaires à nous ? Serons-nous toujours à leurs côtés et de leur côté, dirigeants impartiaux et bienveillants œuvrant pour le bien commun ? Sommes-nous seulement conscients de leur présence et de leur souffrance ?

Une fois ouvertes les portes de notre entreprise intérieure, deux constatations s'imposent :

- ✓ Il est important de ne pas l'abandonner sitôt ses serrures débloquées, ses ateliers reconstruits et ses lignes de production redémarrées. Au-delà d'une réflexion personnelle féconde par laquelle vous aurez peut-être accompagné les tribulations de Roger Sfax, resterez-vous conscient du flux et du reflux incessant de vos sous-personnalités ? Peut-être est-ce un devoir vis-à-vis de nous-mêmes que de ne pas perdre de vue et laisser mourir de faim dans le noir des parties de nous qui ne demandent rien d'autre qu'un peu de notre attention, un peu de lumière du jour aperçue à travers nos yeux, un peu du parfum de la vie respiré par nos narines. Car chacune de vos petites voix a quelque chose à vous dire, et tremble d'ambition de bien faire et de vous faire réussir votre vie, même si elle s'y prend maladroitement et provoque parfois quelques catastrophes.
- ✓ Cette façon de manager le fonctionnement de notre personnalité dépasse largement l'univers professionnel. En effet, notre entreprise intérieure nous propose des produits dans tous les linéaires de l'hypermarché de notre vie : *couple, éducation des enfants, vie amicale, engagement social, épanouissement spirituel.* Il pourrait être intéressant, en particulier, d'examiner en détail ce qui se produit à l'occasion des fusions – acquisitions entre deux entreprises intérieures. Dans la vie réelle, cela s'appelle une relation amoureuse, un couple, un ménage.

Car la connaissance de soi, le respect que l'on se porte, la capacité de devenir une personne attentive à son environnement raisonnant sans idée préconçue en fonction du réel, l'acceptation indulgente de ses propres incohérences… bref *le talent de vivre en bonne intelligence avec soi-même constitue le secret des relations harmonieuses avec les autres.* Devenir capable de rencontrer vraiment, prendre la main de notre enfant intérieur et l'emmener vers le monde, plonger notre regard dans celui de notre semblable sans peur et sans honte…

C'est un objectif personnel pour chacun d'entre nous.

Ce pourrait être également un projet honorable pour l'ensemble de l'humanité.

CRÉDITS TECHNIQUES

LE MODÈLE DE L'ENTREPRISE INTÉRIEURE présenté dans ce livre est à l'intersection de plusieurs démarches de développement personnel. Le professionnel, ou le lecteur qui souhaite aller plus loin, trouvera ici des explications techniques et des références d'ouvrages qui leur permettront d'approfondir ces différentes démarches.

Le Dialogue Intérieur

Ma dette envers Hal et Sidra Stone est considérable puisque l'entreprise intérieure est une construction librement inspirée de leurs découvertes. Ces deux psychologues américains ont en effet mis au point une approche entièrement novatrice et originale de l'exploration du psychisme, qui se rattache à Jung.

Ce dernier avait mis en lumière la présence d'« archétypes », méta – figures intangibles qui structurent notre personnalité au-delà de nos caractéristiques individuelles. Il voit dans ces archétypes une manifestation de l'inconscient collectif de notre espèce, donnant lieu à des manifestations différentes selon les époques et les cultures.

Le Dialogue Intérieur propose une méthode de développement personnel fondée sur l'idée que notre personnalité se compose de multiples composantes, appelées sub-personnalités, qui ont chacune une existence autonome et s'opposent parfois entre elles, ce qui est source de conflits intérieurs. L'outil consiste à identifier les principales sous-personnalités qui régissent la vie de l'individu, souvent à son insu, et à instaurer entre elles un dialogue respectueux et bienveillant, permettant à la personne de développer une instance intérieure lucide et objective, appelée « ego de conscience ». Ceci vous rappelle sûrement quelque chose… En coaching, cette approche permet d'atteindre rapidement un haut niveau de communication et de travailler sur les émotions. La personne devient plus consciente de ses propres forces et découvre que ce qu'elle pensait être ses faiblesses sont nécessaires à l'équilibre de sa personnalité.

Comme les archétypes jungiens, les sous-personnalités du Dialogue Intérieur sont transversales, dépassant dans leur fonction les aléas de l'historicité du sujet, même si leurs caractéristiques restent spécifiques à l'individu. À la suite des Stone, Robert Stamboliev a montré que chacune de nos sub-personnalités correspond à un système énergétique différent. Sans aller jusqu'à cette profondeur d'analyse, et à la suite du modèle comportementaliste, je postule pour ma part que nos sous-personnalités constituent des systèmes de comportements structurés et autonomes.

Ceci nous amène à proposer les exemples de correspondances suivants :

Sub-personnalités Dialogue Intérieur	***Sous-personnalités de Roger Sfax***
Protecteur/Régisseur + perfectionniste	Max de la Rogière[1]
Activiste	Charlie Rodgers
Gentil	Rogentil
Enfant Intérieur	Géronimo en est une des manifestations, le bébé recueilli par Roger au cours de la première assemblée générale des actionnaires en est l'incarnation la plus profonde (« enfant vulnérable »)

1. Pour la simplicité de l'exposé, notre ami Max « agrège » les trois sub-personnalités dominantes traditionnellement reconnues par le Dialogue Intérieur

Le Dialogue Intérieur n'est pas seulement un modèle de fonctionnement de la personnalité mais également une technique, puissante et respectueuse, de travail sur soi, consistant à faire venir à la lumière les différentes parties de la personnalité et à les interviewer. Ce dialogue, mené dans une écoute bienveillante et non normative, aboutit à les faire réintégrer la personnalité de leur propriétaire, qui développe ainsi progressivement un « ego de conscience ». Celui-ci correspond à la notion de PDG de soi.

Le travail amène aussi à installer une « perception lucide », sorte d'observateur extérieur qui analyse sans émotion ce qui s'est passé au cours de la séance. Un « facilitateur » expérimenté est indispensable pour encadrer et guider ce processus. C'est lui qui accueille les sub-personnalités, mène le dialogue avec elles, les écoute sans jamais les juger ni chercher à leur faire passer des messages, tant il est vrai que cette démarche est fondée sur une écoute non directive.

La difficulté avec ce modèle, cependant, est qu'en dépit de ses immenses qualités, il n'est pas très parlant pour les professionnels de l'entreprise. Restant dans la mouvance des techniques de développement personnel et de thérapie, son côté un peu « new age »[1] a vraisemblablement entravé sa diffusion dans le milieu des acteurs économiques, le rendant un peu inquiétant pour des gens nourris aux sciences dures et naturellement méfiants pour tout ce qui ressemble à ce qu'un de mes clients désignait par le terme éloquent de « psycho – papouilles ».

Espérons que la découverte de l'entreprise intérieure en incitera plus d'un à prolonger et enrichir la démarche en découvrant les vertus, réelles, du Dialogue Intérieur.

1. « Psychologie de la transformation », « expansion de conscience au niveau planétaire », « laisser rugir son tigre intérieur », etc.

Pour en savoir plus

Le dialogue intérieur, Hal et Sidra Stone, Ed. le Souffle d'Or.
Les relations, source de croissance, Hal et Sidra Stone, Ed. le Souffle d'Or.
Fondements énergétiques du Dialogue Intérieur, Robert Stamboliev, Ed. le Souffle d'Or.
Le Soi aux mille visages, Pierre Cauvin et Geneviève Cailloux, Ed. de l'homme.
http://www.delos-inc.com
Séminaires « Devenir PDG de soi »
www.pbsh-coach.com

La Process Communication

Le modèle de la Process Communication (dit PCM) a été créé dans les années 70 par Taibi Kahler, psychologue californien travaillant alors pour la Nasa, qui lui avait confié une étude sur les effets du stress sur les comportements des astronautes.

Contrairement au Dialogue Intérieur, la Process Communication a connu un développement considérable dans le monde de l'entreprise. La personnalité de Gérard Collignon, fondateur et animateur de Kahler Communication France, et depuis quinze ans infatigable promoteur de cette démarche, n'y est pas étrangère.

Fondée sur l'analyse transactionnelle[1], la Process Communication offre un modèle de la personnalité qui comporte de nombreuses zones de compatibilité avec le Dialogue Intérieur, même si les deux techniques sont différentes dans leur essence, l'une partant de dedans et l'autre de dehors pour arriver à peu près au même point.

1. Inventée par Eric Berne dans les années 50, l'analyse transactionnelle est à la fois une théorie du développement de la personne, un modèle de psychologie sociale centré sur les échanges interpersonnels et une approche thérapeutique avec des méthodes d'intervention pour les personnes et les organisations. Ses concepts clés sont ceux d'analyse des scénarios de vie, d'états du moi (enfant – parent – adulte), de position de vie, de jeux, etc.

Le modèle se base sur le concept de besoins psychologiques, que nous cherchons à satisfaire depuis l'enfance au travers de différentes stratégies. Il en résulte une architecture de personnalité à six composantes, qui permet de rendre compte des apparentes incohérences et des effets du stress sur notre comportement. Excellent outil de communication, très facile à enseigner et à utiliser, ses utilisations en coaching et en formation sont multiples : gestion efficace de la relation du coach et de son client, exploration de la personnalité, gestion des conflits et des situations de stress, communication inter individuelle et en équipe, construction de projet professionnel, management, etc.

Là où le Dialogue Intérieur prolonge utilement la Process Communication, c'est dans l'exploration d'un éventail de sous-personnalités, archétypiques ou spécifiques, qui dépasse la combinatoire des 6 types de personnalités PCM, même si cette combinatoire est postulée unique pour chaque individu. Par ailleurs, alors qu'elles sont structurées verticalement sous le format d'un immeuble vertical où l'unique ressource de l'individu est de prendre l'ascenseur pour passer un moment, ou s'installer quelques années dans l'un de ses étages, le Dialogue (et à sa suite, le modèle présenté dans ce livre) postule une interaction dynamique permanente entre des sous-personnalités qui peuvent s'allier entre elles, s'ignorer ou se combattre au sein d'une structure souple où les relations se reconfigurent sans cesse, dans des combinatoires à deux, à trois, ou plus.

Il est également intéressant d'expliquer les changements de phase par des renversements d'alliances intérieures. Lorsqu'une sous-personnalité dominante à un moment donné de notre vie s'avère incapable de gérer des situations de stress aigu et prolongé, ce qui nous met en situation d'échec, ses stratégies comportementales sont déclarées inadaptées par notre conseil d'administration intérieur, qui décide de confier la mission à une autre sous-personnalité. Ce nouveau dirigeant, souvent très différent du précédent, ne se contente pas d'appliquer une stratégie radicalement différente ; il modifie aussi notre façon de voir, nos priorités, notre mode d'expression favori, et substitue ses besoins à ceux du patron précédent, avec les mêmes risques de « collage » si l'on n'y prend pas garde. Ce qui dans le modèle de la Process Communication est appelé changement de phase devient donc, dans l'entreprise intérieure, un changement de sous-personnalité dominante spécifique à la gestion d'une situation nouvelle, ou insatisfaisante. La nouvelle sous-personnalité dominante n'est pas nécessairement la voisine du dessus de l'ancienne dans l'immeuble. Ici encore, une grande souplesse est conférée au modèle par la confrontation intérieure permanente des « petits moi ».

La Process Communication n'en reste pas moins un outil idéal tant pour la formation de managers que pour le coaching, dans la mesure où sa grande originalité est de se fonder sur une analyse des *besoins* de chacune des composantes de personnalité de l'individu, besoins dont la satisfaction lui permet de bénéficier d'un haut niveau d'énergie propice à l'atteinte de ses objectifs et dont la carence provoque un état de stress, caractérisé par un éventail de comportements dysfonctionnels spécifiques.

Le tableau de correspondance des sous-personnalités de Roger Sfax avec les types de personnalité PCM pourrait être le suivant :

Types de personnalités PCM	***Sous-personnalités Roger Sfax***
Persévérant	Max de la Rogière
Empathique	Rogentil
Promoteur	Charlie Rodgers
Rebelle	Géronimo
Rêveur	L'Ingénieur
Travaillomane	Rogiciel

Pour en savoir plus :

Manager en personne, Taibi Kahler, InterEditions
Comment leur dire..., Gérard Collignon, InterEditions
Site officiel de *Kahler Communication Europe : www.processcom.com*

D'autres sources complémentaires

Les lecteurs qui ont été intéressés par la description de l'usine à émotions liront avec profit les ouvrages de Daniel Goleman (*L'intelligence émotionnelle*, Ed. J'ai Lu) qui remet l'intelligence émotionnelle à la place centrale qu'elle mérite, une place contestée par un système social et éducatif qui a porté au pinacle les capacités déductives et rationnelles.

Daniel Goleman tisse des liens entre l'organisation neurologique et cognitive de notre cerveau et le déclenchement de nos comportements. On lira avec intérêt les passages consacrés à la « rééducation préfrontale », y trouvant un écho dans le travail intérieur opéré par Roger Sfax lors de son second entretien avec son ancien PDG, Buglose, lorsque Max de la Rogière menace d'échapper à tout contrôle, et une explication scientifique des voitures de pompiers.

Claude Steiner dans son livre *L'ABC des émotions – Développer votre intelligence émotionnelle*, (InterEditions) montre aussi qu'il existe un minimum de « compétences émotionnelles » nécessaires à l'épanouissement de soi et à des relations harmonieuses. De même qu'Alain Sarton nous invite à les réhabiliter : *La Traversée des émotions – Une voie à découvrir vers la connaissance et l'expression de soi* (InterEditions)

Pour découvrir l'analyse transactionnelle, vous pouvez lire : *Naître gagnant – L'analyse transactionnelle dans la vie quotidienne* de Muriel James et Dorothy Jongeward. (InterEditions) ou l'ouvrage d'Eric Berne (Tchou) : *Que dites-vous après avoir dit bonjour ?*

Les ouvrages d'Alice Miller, dont *C'est pour ton bien*, sont parus aux éditions Aubier et Flammarion.

BONUS : INTERVIEW DU COACH

POURQUOI AVEZ-VOUS ACCEPTÉ DE JOUER DANS CE LIVRE ?

– J'y avais un rôle modeste, mais j'étais heureux de participer à une entreprise qui n'était pas un livre sur le coaching, comme il en existe des quantités, mais qui avait l'ambition d'être un livre *de* coaching.

Aviez-vous rencontré Roger Sfax avant le chapitre 2 ?

– Jamais. C'était d'ailleurs l'une des difficultés de la mission. En règle générale, une mission de coaching débute par deux ou trois entretiens préliminaires, où l'on peut explorer à loisir la demande du coaché. Cette notion de demande, au cœur de chaque mission, constitue l'un des pivots de l'efficacité d'un coaching, de sa capacité à atteindre ses objectifs. Mais dans le cas de Roger Sfax, comme il était au départ projeté malgré lui dans son entreprise intérieure, la demande était inexistante. Ou du moins, informulée. Lorsqu'à l'issue de sa première visite, il a décidé d'y retourner, on peut dire que là, une demande de sa part a commencé à émerger, même s'il n'était pas conscient de son contenu.

En quoi consistait votre mission ?

– En l'absence d'une demande construite du coaché, et en l'absence également d'une entreprise pour intervenir en tant que donneur d'ordre, les contours de la mission ont mis un peu de temps à se préciser. Au départ, j'étais en permanence à la disposition de Roger Sfax via son téléphone mobile, pour l'aider à surmonter les difficultés qu'il rencontrait. En soi, d'ailleurs, le fait que le premier contact ait été pris à mon initiative ne correspond pas à la réalité de l'immense majorité des missions. J'aurais pu me faire tirer les oreilles par la Société Française de Coaching qui est très à cheval, à juste titre, sur la déontologie. Ensuite, les demandes d'accompagnement de Roger Sfax étaient contextuelles, uniquement fondées sur la résolution de situations...

Nous l'avons d'ailleurs vu à plusieurs reprises insatisfait des réponses que vous lui donniez.

– Oui, comme beaucoup de gens, Roger Sfax s'imaginait que le rôle d'un coach est d'apporter des solutions aux problèmes qu'ils posent. Ce qui est une erreur. Un coach vous amène à construire votre propre solution par un jeu de questions maïeutiques, ou en vous proposant des analogies. Ce sont les consultants, les experts, qui possèdent des réponses. Les coachs se contentent, comme le dit joliment Fred Vargas[1], « d'essayer de comprendre ce que veulent les gens et de les aider à le réaliser. »

Plusieurs fois, Roger Sfax s'est montré sarcastique, voire agressif envers vous.

– En effet, c'est l'un des aspects intéressants de l'évolution de notre relation. Au début, il attendait que je lui dise ce qu'il devait faire, comme si j'avais détenu les réponses qu'il recherchait. Puis au fur et à mesure qu'il devenait capable de fabriquer lui-même ses propres solutions, des sentiments agressifs, pour reprendre votre qualificatif, se sont exprimés à mon égard, en même temps qu'il comprenait graduellement que personne ne pouvait apporter les réponses à sa place, qu'il devait faire le deuil de cette illusion d'un sage omniscient qui connaîtrait toutes les réponses et qui, en quelque sorte, aurait déjà vécu notre vie à notre place.

Quels ont été selon vous les temps forts de cette mission ?

---

1. *Pars vite et reviens tard*, Éd. Viviane Hamy, 2001.

– Il y a eu plusieurs moments importants, qui marquaient les étapes franchies par Roger Sfax dans sa capacité à rentrer en contact avec ses forces intérieures et à s'en faire accepter. Je n'en mentionnerai que trois. Le premier, c'est lorsqu'il est allé à la rencontre des cogneurs aveugles, les Roginators, et qu'il a réussi à les convaincre d'enlever leur casque. Le second, lorsqu'il a tendu la main à Max de la Rogière en dépit de tous les dégâts produits par ce dernier. Dans ce mouvement intérieur, il a transformé la haine en capacité à accueillir sans trop les juger toutes les parties de nous-mêmes. Je dirais que c'est à ce moment précis qu'il a commencé à bâtir une personnalité intégrée. Et enfin, dans l'avion, pendant sa conversation avec l'instructeur, lorsqu'il a prêté attention à la voix intérieure qui lui suggérait de se taire et d'écouter. C'était la première fois que s'éveillait en lui cette capacité à se situer au-dessus du groupe de ses sous-personnalités, en d'autres termes, à développer une personnalité consciente, libérée de ses rafales de mécanismes intérieurs automatiques, capable de n'ouvrir ses parapluies qu'en fonction de la météo du réel.

À certains moments, avez-vous eu peur de perdre le contrôle ?

– Absolument pas. Car mon travail ne consiste pas à garder le contrôle sur quoi que ce soit. Je dirais même que cette notion est antinomique avec la dynamique d'une mission de coaching, qui doit toujours demeurer ouverte sur l'inattendu. Un coach qui essaierait de contrôler la mission ou le coaché ne ferait qu'exprimer ses propres craintes. L'une des plus grandes qualités chez un coach, c'est de savoir laisser les choses se faire toutes seules. J'ai mis des années à l'apprendre.

Quel est le sens de l'histoire de Nagasaki ?

– Quelle histoire de Nagasaki ?

Au chapitre 3, quand Roger est un peu obsédé par un reportage qu'il a vu sur l'équipe du bombardier…

– Ah oui, je me souviens. Le type en reparle quarante ans plus tard avec des sanglots dans la voix. Il tresse des couronnes de lauriers au héros qui a largué sa bombe vite fait, à côté de l'objectif, et qui a ramené son équipage sain et sauf à la base. Pas une seule seconde, il ne pense aux centaines de milliers de victimes, aux bébés irradiés, aux générations dont la vie a été gâchée. Ca me semble intéressant sur le fonctionnement de nos croyances et de nos émotions. Comment nos représentations nous font traiter l'information selon un certain schéma...

Finalement, est-ce qu'on ne pourrait pas vous considérer vous aussi comme une sous-personnalité de Roger Sfax, une sorte de coach intérieur ?

–Vous savez, un coach est par essence extérieur. C'est un homme qui se situe toujours dans un ailleurs, même lorsqu'il est ici ou là.

Donc, vous ne pensez pas possible de compter un coach dans son entreprise intérieure ?

– Ce n'est pas exactement ce que j'ai dit.

REMERCIEMENTS

MA SOUS-PERSONNALITÉ DE COACH tient à remercier mon associée et complice, Claire Moreau, pour sa clairvoyance et son soutien inconditionnel. Elle souhaite aussi rendre hommage à mes maîtres, Gérard Collignon pour la Process Communication et Maguy Point pour le Dialogue Intérieur. Tout ce qui est dans ce livre, cependant, m'a été enseigné par les centaines de personnes qui m'ont offert leur confiance pour les accompagner dans un petit bout de leur chemin. Qu'ils trouvent ici toute ma reconnaissance.

Merci également à Suzel Gabarit-Stiffoel qui a conçu les séminaires « Devenir PDG de soi » et les co-anime avec finesse, profondeur et humour.

Ma sous-personnalité qui écrit exprime toute sa gratitude à Hélène de Castilla, mon éditrice, pour son regard intelligent, positif et à tonique sur le projet et sur le texte de ce livre. Merci aussi à Luc Brasdefer pour sa compétence aéronautique.

Ma sous-personnalité de papa a envie de remercier mes filles Camille et Juliette pour leur pertinence et leur humour lors de nos discussions sur le projet, mon fils Marc pour le point de départ de ce livre, et mon fils Samuel pour en avoir inspiré l'un des personnages les plus importants.

Enfin, toutes mes sous-personnalités réunies remercient ma femme Cathy qui m'a supporté dans tous les sens du terme pendant l'écriture de ce livre, dont les avis et les suggestions toujours lumineux ont enrichi ma vision, dont la présence donne force et harmonie à mon existence. Merci à toi également pour avoir trouvé l'expression : « petits moi ».

046 869- (I) - (2,5) - OSB 100° - FAB - CDD

Achevé d'imprimer sur les presses de la
SNEL S.A.
rue Saint-Vincent 12 – B-4020 Liège
tél. 32(0)4 344 65 60 - fax 32(0)4 341 48 41
mars 2003 — 28108

Dépôt légal : avril 2003

Imprimé en Belgique